地理教学设计

Dili Jiaoxue Sheji

陈黎阳 编著

云南大学出版社
YUNNAN UNIVERSITY PRESS

图书在版编目（CIP）数据

地理教学设计／陈黎阳编著．——昆明：云南大学出版社，2012

ISBN 978-7-5482-1061-0

Ⅰ.①地… Ⅱ.①陈… Ⅲ.①中学地理课—教学设计—师范学校—教材 Ⅳ.①G633.552

中国版本图书馆 CIP 数据核字（2012）第 125002 号

地 理 教 学 设 计

陈黎阳 编著

策划编辑：叶枫红
责任编辑：石　可
封面设计：夏雪梅
出版发行：云南大学出版社
印　　装：昆明市五华区教育委员会印刷厂
开　　本：787mm×1092mm　1/16
印　　张：14.75
字　　数：240 千
版　　次：2012 年 6 月第 1 版
印　　次：2012 年 6 月第 1 次印刷
书　　号：ISBN 978-7-5482-1061-0
定　　价：36.00 元

地　　址：昆明市翠湖北路 2 号云南大学英华园内
电　　话：0871-5031071　5033244
邮　　编：650091
E-mail：market@ynup.com

总　序

进入新世纪以来，我国基础教育课程教学正经历一场重大革新。2001年7月，教育部颁布了包括《全日制义务教育地理课程标准（实验稿）》在内的各学科的课程标准。同年9月，义务教育新课程首先在27个省市的38个国家级实验区开始进行实验。经过多年教学实践，吸纳了新课程实验区广大中学第一线地理教师的意见之后，义务教育阶段的地理课程标准历经两度修订。

2012年修订颁布的《义务教育地理课程标准》，是新中国建立以来国家颁布的第一个有关基础教育地理课程的正版文件。在这以前我国虽然也制订过多次地理教学大纲，但这些大纲的名称，都毫无例外地一律都被加上了一个括号，不是被冠以"试验版"、"试验修订版"、"供试验用"，就是标明为"初审稿"、"实验稿"、"试行草案"、"试用"、"修订本"等等。有人戏称它们是"带括号的大纲"。这些"带括号的大纲"，在"试验"、"试行"、"试用"了很多年以后，还没轮到"去括号"就"寿终正寝"了。而这次修订后颁布的《义务教育地理课程标准》终于去掉了括号，这也正体现了此次课程改革应有的自信心和决心。

高中阶段的课程改革紧随义务教育之后。2003年3月，教育部颁布了《普通高中课程方案（实验）》，以及包括《普通高中地理课程标准（实验）》在内的15个学科的课程标准。2004年秋，首批高中新课程实验在广东、山东、宁夏、海南4省区全面开展。目前，全国除了个别省级行政区域以外，普通高中的学生已全部进入地理新课程学习。高中地理课程改革实验正在顺利、健康地开展。2012年，高中地理课程标准也将启动修订工作。

基础教育地理课程改革已经整整十年了。十年来地理新课程得到了广大中学地理教师的认同，他们赞誉"课程标准设计思路新颖、目标明确，课程内容突出了地理学科的区域性和综合性的特点，强调培养学生的可持续发展观念，课程内容的体系结构灵活，课程内容标准阐述清晰、指导性强，令人耳目一新"。随着地理新课程在全国的全面推广，地理课程基本理念得到广泛的传播，地理课程标准得以全面地实践，地理课程实验取得了明显的成效。

第一，地理教师的教学观念正在发生变化。地理新课程的基本理念逐渐为中学地理教师所接受，并且逐步由"认识"转向"实践"，渗透到日常教学的各个环节之中。第二，地理课堂的教学方式和学生的学习状态正在发生变化。"活动式"教学正为愈来愈多的地理教师所采用，自主学习、合作学习、探究学习正在成为学生的重要学习方式。学生学习有兴趣了，搜集和处理信息的能力、交流和表达能力也有所提高。第三，新课程促进了教师专业水平发展。围绕课程改革，通过培训，地理教师的专业水平得到了很大提高。并且，通过新课程的实施，一批优秀的、研究型的地理教师脱颖而出。第四，各地开发了许多内容丰富、形式多样、生动活泼的乡土地理课程，出版了一大批省、市、县级的乡土地理教材。一些中学还编写了很多各具特色的校本地理课程。第五，地理学习评价也发生了可喜的变化。形成性评价的机制正在形成。地理学业水平测试的内容和形式也在不断改进。有助于考查学生读图能力和综合分析问题、灵活运用地理知识解决问题能力的"创设情境试题"得到了认可。

与新中国建立以来的历次课程改革相比，此次基础教育课程改革的力度是比较大的，持续时间也将很长。同时，这场改革势必波及我国教育界的其他领域，其中首当其冲的就是高等师范教育以及教师教育。由于我国目前基础地理教育的师资绝大部分来源于高等师范院校，在职师资培训任务也大多由高师和教育学院承担。因而，对于高等师范院校、教育学院地理专业的师生来说，认识、领会基础教育改革的精髓，了解新课程初中和高中地理课程标准的设计思路、框架结构、课程目标、教学内容、实施方法，以及开发一批与之相适应的高等师范院校、教育学院相关的课程势所必然。

正因为如此，一些与基础教育地理新课程理念相适应的《新编地理教学论》、《新理念地理教学论》、《地理课程与教学论》等等地理课程教学论著作应运而生。这些著作理论与实践并重，涉及地理教学活动的方方面面，但大都分析论述较为宏观、精练。与此同时，一批涉及地理教学活动某一方面、相对较为微观、主要侧重应用的《地理教学设计》、《地理新课程研究性学习》、《地理新课程课堂教学技能》、《地理新课程教学方法》、《地理新课程测量评价》、《信息技术辅助地理教学》等等课程与教材也纷纷诞生。地理课程教学理论界与实践界呈现空前活跃与繁荣的态势。

本书（《地理教学设计》）正是作为高等师范院校地理院系为培养地理本科应用型人才而开设的一门"将学习与教学原理转化为教学材料与活动计划的系统化过程"的课程而编写的教材。基础教育地理新课程实施的十年来，"地理教师们比过去任何时候都更注重做好教学设计"。有人形象地将地理课堂教学设计比喻为"建设高楼大厦之蓝图"、"排演舞台戏剧之脚本"、"演奏交响音乐之曲谱"，实在非常贴切。确实，地理教学设计"是一个系统化（systematic）规划教学系统的过程"，是实施地理课程的一个细致、具体的系统纲领与行动指南，对于地理课堂教学高质量、顺利地进行以及地理教学任务的完成起着保证性的作用。可以这么说，在当前的形势下，一位哪怕是教学经验相当丰富的地理教师，如果他不进行全面的地理教学设计，就一定不可能上出符合现今标准要求的地理课来。

地理教学设计是地理教学论研究的一个分支。地理教学设计包括地理教学目标设计、地理教学方法选择与设计、地理教学媒体采用与设计、地理教学过程设计等等。本书作者在玉溪师范学院地理本科专业中独立开设"地理教学设计"课程已有 10 余年之久，作者在积累了丰富的教学实践经验的基础上，将地理教学设计具体到地理课堂教学导入设计、地理课堂教学提问设计、地理课堂教学板图和板画设计、地理课堂教学氛围调控设计、地理课堂教学结束设计等等方面，利用地理课程教学理论的指导，侧重地理教学实践的各个细小环节，确实很有特色。

《地理教学设计》一书凝聚了作者本人多年来大量的实践经验与研究成果，课程所讲授的内容一直深受玉溪师范学院地理系学生欢迎，对学生从教能力形成的培养产生了显著作用。"地理教学设计"课程虽然是玉溪师范学院地理本科专业的一门校本课程，但是它对于其他师范学院地理本科专业来说具有借鉴价值。本课程教材致力于学生教学技能形成与课堂教学水平提高，根本目的在于增强地理师范生的教师职业能力，使学生毕业以后能够迅速地适应基础教育实践，成为中学地理教师岗位上的一名合格人才。另一方面，《地理教学设计》注重在新课程理念下系统化规划教学系统过程，因而本书也可以作为中等学校地理教师以及各级地理教研人员进修的一本参考用书。

期待本书对于当前我国的基础教育地理新课程实施，以及对于我国高等师范教育、教师教育领域的地理教学论课程改革，都将起到积极的作用。

陈　澄（教授　博士生导师）
2012 年春节于华东师范大学

（总序作者介绍：陈澄，男，1944年出生，华东师范大学教授、博士生导师，现任中国地理教学研究会理事长、国家基础教育地理课程标准研制组组长、教育部基础教育司基础教育教材审查组组长、教育部师范教育司继续教育教材审查委员、上海市地理教学研究会理事长、上海市教育考试院高考命题专家组地理学科组组长、上海市教育委员会教学研究室青年教师课题评审委员、上海市教育委员会义务教育地理教材主编等。）

序

　　伴随我国改革开放的不断深入，中国社会经济、教育、文化建设得到了飞速发展，综合国力也不断增强，可以说各行各业都发生了翻天覆地的变化。其中，教育事业的发展尤为引人注目：我国九年义务教育迅速普及、高中阶段教育迅速发展、学生就读人数迅速增加、各种层次的学校也纷纷出现，……；同时，我国基础教育课程改革如火如荼，如何培养学生创新精神与实践能力，有效增强学生个人综合素质，培养新时代所需的高素质人才；如何挖掘学校办学潜力和改革内部存在弊端，从而有效提高学校教育教学质量等等，也全都成为了我国教育及其教育者面临的，迫在眉睫且势在必行的重要任务。

　　为了提高学校办学质量，各类学校、各类专业及相关部门都进行了相应改革。其中，高师地理教育在不断探索自己适应基础教育迅速发展的道路，中学地理教育也在不断地推陈出新以适应我国素质教育新要求。特别是2012年新颁布的《义务教育地理课程标准》把中学地理教育推向了一个新的高度，对教学质量的提高提出了新要求。在新一轮基础教育改革的同时，人们也迫切希望相关培养中学教师人才的高师院校相配合，并在教师进修用书、学习教材和教学手段等方面与之相匹配；可以说，《地理教学设计》一书的编纂出版，填补了我省高师地理教师教育系列教材的空缺，必将成为完善教育教学改革成果中的一个组成部分。

　　《地理教学设计》一书的作者，是多年从事地理课程与教学、云南乡土地理等专业方向研究的高校教师，长期担任"地理教学论"、"地理教学设计"、"地理教学技能训练"、"云南地理"等地理教育本科专业课程教学任务。他年富力强、经验丰富，思维敏捷、精力充沛，理论观念新、创新精神强，并有理想、有抱负，愿意为地理教育事业奉献力量，现把他自己多年课堂教学经验与科学研究成果汇集合成《地理教学设计》一书。该书在修订出版前曾在玉溪师范学院地理本科专业中，作为专业课程教材使用了 10 余年之久，所涵盖的学科研究内容相对完备，教育教学显现效果良好，并受到了学习学生们的普遍好评；该书是高师地理教育专业富有特色的专业课程教材，对学生教学技能形成与课堂教学水平提高都能够产生具体作用。

《地理教学设计》一书虽然字数不算多，但是内容丰富且实用性很强。书中所撰写文字繁简适度、图文并茂、理论联系实际，可读性非常强；另外，该书的体例结构及编写方法很有特色，其在强调教学理论同时注重实践活动与教学实例的导入，使学生能够在接受教学理论概念的同时，也容易认识教学实践的具体程序与方法，以及教学过程的本质属性；可以说，便于学生学用结合、学以致用，从而能够有效增强对地理师范生的教师职业能力培养。

《地理教学设计》一书，作为教材已在地方高校的地理教育专业教学中多次使用，并取得了良好教育教学效果和较为丰硕的经验成果。故出版之后，除非常适合在同类高校的地理教育专业中使用外，还可供广大的中学地理教师学习提高之用和各级地理教研人员借鉴与参阅。

陈永森（教授）
2012 年 3 月于云南师范大学

前　言

地理教学设计是一门伴随普通教学设计学科发展而逐渐成长起来的，实践性与应用性都比较强的教育应用学科。同时，它也是玉溪师范学院地理特色专业建设之中独立开设的一门学科课程，一门与学校"地理教学论"课程相配合的后续师范类专业课程。它是玉溪师范学院针对资源环境学院地理科学专业学生能力基础，为培养地理本科应用型人才而创设的一门校本课程。值得强调的是，虽然目前人们对地理教学设计名称的使用已经比较广泛，特别在我国课程与教学改革的学校教育教学过程中；但实际上我国各地对地理教学设计学科本身的认识与研究还十分有限，以致我国许多高校只是选择了该学科领域内已研究出来的部分内容教授学生。本课程教材以地理教学设计学科名称命名，并已在玉溪师范学院地理本科专业中独立开设 10 余年之久，所教授的研究内容相对完备且一直深受学生欢迎，也在学生从教能力形成培养过程中产生了显著作用，这在我国高师院校地理科学专业中还不多见。

需要特别说明，由于受玉溪师范学院学生学习时间和授课时数等条件限制，以及研究者个人研究水平与研究能力等局限，玉溪师范学院目前所开设的"地理教学设计"课程及教材，也并非涉及整个地理教学设计学科研究领域，所探讨的设计课题也不是全部的基础教育课程与教学改革实践内容。本课程教材内容主要根据地理教学设计学科研究对象与任务，依据我国基础教育课程与教学改革理念要求和现实的基础教育学校教学改革实践需要，并特别结合玉溪师范学院"以学生能力形成为核心"的办学指导思想，以及学校地理科学专业学生知识建构、能力基础、能力培养需要而特别设置。

本课程教材致力于学生教学技能形成与课堂教学水平提高，根本目的在于增强地理师范生的教师职业能力。要求通过本课程教材教学使学生在深刻理解教学设计内涵基础上，熟练掌握地理教学作课设计、说课设计、评课设计等基本程序与基本要求，能够比较规范地设计地理教学作课方案、说课方案和评课方案，从而出色完成基础教育学校地理教师常规教学工作任务；要求学生掌握地理课堂教学导入、教学提问、教学氛围调控、教学结束等教师主要教学行为的实施策略与设计方法，能够运用所学策略与方法有效提高自己地理课堂教学水平；要求学生掌握地理教学板图设计、教学板画设计、教学测量评价命题设计等主要教育教学技术实施策略与设计方法，初步学会应用这些技术组织开展地理教学活动、教学测量评价活动，从而有效增强地理师范生的教师职业能力。

  本书由负责编制、实施、评价该门课程的专任教师陈黎阳主持编写，书中凝聚了作者自己多年来大量的实践经验与研究成果。在整个编写与出版过程中得到了玉溪师范学院学校领导的高度重视，特别是副校长高卫国教授在百忙之中曾多次过问，并不断耐心地鼓励、鞭策本书编纂工作，还亲自参与了对本书的审定修改工作，且提出了许多宝贵意见与建议；学校教务处谢永安处长、贾正林副处长在本书编纂出版过程中给予了许多指教；资源环境学院领导章新教授、王声跃教授、陈红副教授等也在本书编纂与出版过程中给予了大力支持。在此，特向这些关心帮助过本书编纂与出版工作的各位领导，向所有参与本书审定修改工作的同志表示真诚感谢！另外，在本书编纂过程中也查阅了许多有关普通教学设计与地理教学论方面的理论专著，也引用了部分外文翻译资料、教学专著的观点与原话，在此谨向这些专著作者和外文翻译家一并表示最衷心的感谢！

作 者
2011 - 3 - 19

目 录

第1章 绪 论 …………………………………………………… 1
 一、地理教学设计的基本内涵与外延 ………………………… 2
 二、地理教学设计的研究对象与任务 ………………………… 5
 三、地理教学设计的学科属性与地位 ………………………… 6
 四、地理教学设计的学科基础与方法论 ……………………… 7
 五、课外学习要求 …………………………………………… 11

第2章 地理教学作课设计 …………………………………… 13
 一、地理教学作课设计的基本内涵 …………………………… 14
 二、地理教学作课设计的基本程序 …………………………… 15
 三、地理教学作课设计的基本要求 …………………………… 20
 四、地理教师作课行为的基本规范与要求 …………………… 30
 五、设计训练要求 …………………………………………… 33

第3章 地理教学说课设计 …………………………………… 35
 一、地理教学说课设计的基本内涵 …………………………… 36
 二、地理教学说课设计的内容与要求 ………………………… 37
 三、地理教师说课行为的基本规范与要求 …………………… 47
 四、设计训练要求 …………………………………………… 48

第4章　地理教学评课设计 …… 51
一、地理教学评课设计的基本内涵 …… 52
二、地理教学评课设计的基本原则 …… 54
三、地理教学评课设计的基本步骤与方法 …… 57
四、地理教师评课行为的基本规范与要求 …… 59
五、设计训练要求 …… 61

第5章　地理教学板图板画设计 …… 63
一、地理教学板图板画设计的基本内涵 …… 64
二、地理教学板图设计的基本图法 …… 67
三、地理教学板图设计与速绘要求 …… 72
四、地理教学板画设计的基本类型 …… 75
五、地理教学板画收集与应用要求 …… 82
六、设计训练要求 …… 84

第6章　地理课堂教学导入设计 …… 87
一、地理课堂课堂教学导入设计的基本内涵 …… 88
二、地理课堂教学导入设计的基本方式 …… 90
三、地理课堂教学导入设计的基本要求 …… 96
四、设计训练要求 …… 99

第7章　地理课堂教学提问设计 …… 101
一、地理课堂教学提问设计的基本内涵 …… 102
二、地理课堂教学提问设计的基本方式 …… 103
三、地理课堂教学提问设计的基本要求 …… 108
四、设计训练要求 …… 113

第8章　地理课堂教学氛围调控设计 …… 115
一、地理课堂教学氛围调控设计的基本内涵 …… 116

二、地理课堂教学氛围调控设计的基本方式 ……………… 118
　　三、地理课堂教学氛围调控设计的基本要求 ……………… 126
　　四、设计训练要求 …………………………………………… 130

第9章　地理课堂教学结束设计 …………………………… 131
　　一、地理课堂教学结束设计的基本内涵 …………………… 132
　　二、地理课堂教学结束设计的基本方式 …………………… 133
　　三、地理课堂教学结束设计的基本要求 …………………… 140
　　四、设计训练要求 …………………………………………… 143

第10章　地理课堂教学测量评价命题设计 ……………… 145
　　一、地理教学测量评价命题设计的基本内涵 ……………… 146
　　二、地理教学测量评价命题设计的基本原则 ……………… 148
　　三、地理教学命题设计的常用题型与要求 ………………… 152
　　四、地理教学命题设计的基本步骤与方法 ………………… 164
　　五、设计训练要求 …………………………………………… 168

附录一　基础教育课程改革纲要（试行） ……………………… 169

附录二　义务教育地理课程标准 …………………………… 175

附录三　普通高中地理课程标准（实验） ………………… 196

参考文献 ……………………………………………………… 222

第 1 章

绪 论

⊗ 地理教学设计的基本内涵与外延
⊗ 地理教学设计的研究对象与任务
⊗ 地理教学设计的学科属性与地位
⊗ 地理教学设计的学科基础与方法论
⊗ 课外学习要求

一、地理教学设计的基本内涵与外延

1. 教学设计的形成及其发展

教学设计（Instructional Design）是20世纪50年代以来逐渐形成与发展起来的一门教育应用学科，因其研究范围涉及教育技术学（Educational Technology）的核心领域，因此也有人把它视为教育技术学的一部分。教学设计作为一门独立学科最早萌芽于第二次世界大战的军队和工业培训领域，直到20世纪60年代才逐渐被引入到学校教育之中。20世纪80年代教学设计开始引进中国，并在我国教学改革与研究中不断拓展。目前，教学设计在我国学校教育、社会教育和各行各业的职业教育与培训领域中都得到了广泛应用。

教学设计是依据学习理论进行系统设计的，其本身具有很强的实践性与应用性特点。按理论划分法细分教学设计作为一门独立学科发展已历经三代：第一代教学设计大致由20世纪50年代至70年代，以斯金纳（B. F. Skinner）的行为主义学习理论为代表；第二代教学设计主要从20世纪70年代至80年代，以加涅（R. M. Gagne）等人的认知主义学习理论为代表；第三代教学设计则由20世纪80年代末90年代初以来，主要以建构主义学习理论为代表。各代教学设计的设计模式与设计方法都有不同，主要原因系由于它们各自所依据的学习理论差异所致。严格地讲，目前各种学习理论还都是发展中的基本理论，它们分别从不同角度、不同层面揭示了人类学习规律，再有，新一代学习理论发展也并非就能够完全替代旧理论，所以，以不同学习理论为基础的各代教学设计，对全面提高学生学习能力还都有重要意义，对于实践我国课程与教学改革理念也都有重要价值。

2. 地理教学设计的基本概念

地理教学设计亦称地理教学系统设计，它是依据具体学习理论即学科教学设计方法论，为达成某一阶段地理教学目标要求,应用系统方法分析教学现象、教学问题,研究解决教学问题途径和评价教学活动结果,以寻找达成目标最优途径与措施和追求教学理想效果为目的而进行系统策划的一门教育应用学科。实际上,人们对教学设计的解释无论在国内或国外远未达成共识,更不用说是对地理教学设计的学科概念界定,以上仅是自己个人研究的观点与看法。因为由教育技术领域逐渐发展而来的地理教学设计,它本身就是普通教学设计的一门分支学科,其策划过程即是一个将先进教与学理论转换为教学实践的具体过程。所以,在美国著名教育技术专家肯普(J. E. Kemp)看来,"教学设计是运用系统方法分析研究教学过程中相互联系的各部分的问题和需求,在连续模式中确立解决它们的方法步骤,然后评价教学成果的系统计划过程";美国教育心理学家、教学设计专家加涅认为:"教学设计是一个系统化规划教学系统的过程";美国教学设计理论家史密斯(P. L. Smith)则认为:"教学设计是将学习与教学的原理转化为教学材料与活动计划的系统化过程"。通俗地讲,地理教学设计就是围绕教学目标要求,以追求教学理想效果为目的,对"教什么"、"怎样教"和"如何学"所进行的一种先于教学实践的,比较科学完备的系统策划。

目前,人们对地理教学设计学科概念界定,无论是内涵还是外延都存在许多差别。作为一门独立学科概念本应有比较一致认识,但地理教学设计毕竟还是一门年轻学科,由于不同学者的研究视角与价值取向不同,因而研究结果即对学科概念的界定也就存在差别。归纳起来,人们对地理教学设计学科概念的认识大致有以下不同观点:一是把教学设计界定为一种具体"方法",即"研究教学系统、教学过程和制订教学计划的系统方法",认为这种方法与过去教学计划的区别就在于"现在说的教学设计有明确的教学目标,着眼于激发、促进、辅助学生的学习,并以帮助每个学生的学习为目的";二是把教学设计定义为一种"技术",认为教学设计就是一种"旨在促进教学活动程序化、精确化和合理化的现代教学技术";三是把教学设计视为一种"方案",认为"教学设计是运用系统方法分析教学问题和确定教学目标,建立解决方案、评价试行结果和对方案进行修改的过程",目前这种观点在我国有着很广的影响面;四是把教学设计仅仅看做是一种"计划过程与操作程序",认为"教学设计就是运用系统方法和步骤,并对教学结果作出评价的一种计划过程与操作程序"。

3. 教学设计与传统备课的区别联系

由于人们对具体的地理教学设计研究与应用还不够,因此常有人把教学设计与传统备课相混淆,实际上地理教学设计过程与传统备课过程有着本质区别,突出表现在地理教学设计过程具有较强科学性,设计方案也具有更大的可操作性,因为其设计活动都是建立在人类对教学的理性研究基础之上,无论是分析教学问题、探讨解决教学问题途径,还是设计安排教学过程要素都是以相应的教学理论为依据。传统地理备课虽然也针对教学过程及其活动,也需要备大纲、备教材、备学生、备方法,也需要为学生取得所期望的学习成果进行措施策划,但它对教学状态的描述则仅凭直觉,解决教学问题也只是凭教师摸索出的个人经验,所获学习成果也仅是一种在学生识记、理解基础上形成的学习结果,教学措施策划的依据也基本是教师对学科知识理解把握后得出的个人经验,并仅凭借教师个人经验去帮助学生解决学习困难。所以传统备课方式难于让教师充分利用人类所积累下来的丰富知识,教师职业能力的提高也全凭自己个人摸索。

目前,我国新一轮基础教育改革对学生学习成果提出了新的全面要求,新课程不仅要求学生掌握学科的"知识与技能",而且要求学生在学习的"过程与方法"中,形成相应的个人能力和良好的"情感、态度与价值观"。由于新的学习成果目标要求,即"课程目标"涉及学生深层心理活动规律,所以仅靠传统备课单纯的教学经验与方法是很难实现的,因而建立在普通教学设计、建构主义认识理论、建构主义教学理论、教育技术学、教育艺术学、普通教育学、教育心理学、社会学、行为学、信息学等科学原理基础上,以诸多科学原理为设计依据的地理教学设计学科越来越受到人们重视。

二、地理教学设计的研究对象与任务

1. 地理教学设计的学科研究对象

地理教学设计学科研究对象是具体的地理教学系统。这是一个伴随社会经济发展、教育教学需求和地理科学发展而发展的极其复杂的开放系统，也是一个涉及教学目标、教学过程、教学要素、教学环节、教学行为、教学内容、教学方法、教学手段、教学技术、教学评价等研究领域，以具体地理教学现象、教学问题、教学规律和设计方法为研究内容的教学系统。可以说，地理教学系统既是地理教学设计学科研究的出发点，同时也是本门学科开展分析、探究活动的终结点或是最终归宿。充分认识地理教学系统对于教师透彻领悟教学设计原理，完整把握学科重要内容具有重要意义。

地理教学系统所涉及的教学过程是人类一种特殊的认识过程，它完全不同于人类其他大量的实践性认识过程。因为学生在这种过程所接触、所认知的基本知识，几乎都是比较间接抽象的文字符号，是人类几千年来通过实践而总结出来的知识。正因如此，地理教学设计要求设计者必须充分协调好学生、教师、教学方法、课程标准、教材内容、教学环境等教学要素之间的相互关系，确实把握好导入、展开、承转、巩固、结尾等各教学环节，并善于通过各种直观形象教学手段，把间接抽象的书本知识转变为学生容易认知，即学生容易消化吸收的知识。从而使执教者在正确认识教学现象基础上顺利解决各种教学问题，并利用先进教学技术手段完成预定的教学目标任务，有效提高地理教学质量和促进学生智力发展。

2. 地理教学设计的学科研究任务

地理教学设计的学科研究任务与研究对象密切相关，并取决于其学科的研究目的。由于地理教学设计在于分析教学现象、教学问题，研究地理教学系统及其构成要素关系，探索解决教学问题途径和最佳教学设计方案，最终目的乃是为了指导地理教学实践，因此地理教学设计的学科研究总任务在于发展学科理论，优化教学设计实施策略、设计方法。其具体任务涵盖了教学目标、教学过程、教学要素、教学环节、教学行为、教学内容、教学方法、教学手段、教学技术、教学评价等地理教学系统诸多研究领域，涉及理论与实务、课程与教学、策略与方法、教法与学法、内容与形式、常规与改革、现状与发展等众多方面。

本书以地理教学设计学科名称命名，本身又是玉溪师范学院地理特色专业建设之中的一门学科课程教材，一门与地理教学论课程相配合的后续师范类专业课程教材。由于受学生学习时间和授课时数等条件限制，以及个人研究水平与研究能力等局限，本书所研究的内容并没有涉及整个地理教学系统，所探讨的设计课题也并非全部的课程与教学改革实践内容。本书内容主要根据地理教学设计学科研究对象与任务，依据我国基础教育课程与教学改革理念要求，并特别结合玉溪师范学院"以学生能力形成为核心"的办学指导思想，以及学校地理科学专业学生能力建构需要而特别设置。

三、地理教学设计的学科属性与地位

1. 地理教学设计的学科属性

所谓学科属性，是指学科在整个科学体系之中的位置，即从科学的分类学观点出发考察其学科的类属。地理教学设计学科属性应依据其学科研究对象与探索功能来界定，由于地理教学设计的学科研究对象是具体的地理教学系统，其本身也是普通教学设计学科的一门分支学科，因此它属于社会科学中的教育科学范畴。另外，按照一门学科在科学探索过程中的功能来划分，地理教学设计则又应该属于应用科学范畴，因为地理教学设计本身是专门为教学实践服务的，其研究领域还是教育技术科学探索的核心领域。所以，笔者认为地理教学设计的学科属性应是教育性与应用性两种不同属性的一种综合，即教育应用科学。

2. 地理教学设计的学科地位

在 20 世纪 80 年代引入中国的普通教学设计影响下，在伴随我国地理教学改革与研究成长过程中，在历经翻译、介绍和引进国外有关教学设计研究成果阶段后，我国学科性质的地理教学设计作为一门独立学科开始逐渐形成。从目前已经出版的相关著作和发表的有关文章来看，我国地理教学设计学科的研究范围正在不断拓展，学科研究成果也不断涌现，学科重要地位正在不断显现。目前，我国地理教学设计学科的重要地位，首先表现在其研究成果已对发展地理教学设计学科理论，深化我国基础教育地理课程与教学改革发挥了积极作用。此外，深入开展地理教学设计的学科探索研究，对于将先进的教学理论转换为地理教学实践成果，减少地理课堂教学活动的盲目性、随意性，增强地理教学活动的有效性、可控性都具有重要意义。再有，探究地理教学设计学科基本理论与基本方法，又是提高我国基础教育地理教学质量与教师教学水平的重要保障。

四、地理教学设计的学科基础与方法论

1. 地理教学设计的学科基础

地理教学设计的学科基础，即学科理论基础与学科实践基础。当今，以地理教学系统为研究对象的地理教学设计，除了其设计活动仍以地理科学理论、地理科学知识为基本内容，以学校教育、社会教育和各行各业的职业教育培训为实践基础之外，其理论基础已不再只是单纯的教育学、心理学科学原理，它的研究理论已开始建立在普通教学设计、建构主义认识理论、建构主义教学理论、教育技术学、教育艺术学、社会学、行为学、信息学等多个学科理论基础之上。建立在多个学科理论基础之上的地理教学设计，必然能够有效摆脱原来比较狭隘的学科研究视角与视野，必将能够更加透彻地认识师生各种教学行为与教学矛盾；它对整个地理教学系统的研究，对解决教学问题途径、策略方案的研究也能更进一步。总之，只有深入了解

地理教学设计的学科理论基础和实践基础以及学科方法论，才能使学习者完整把握地理教学设计的学科特点、研究方法和设计方法。

2. 地理教学设计的学科方法论

可以说，地理教学设计发展有其深厚的理论基础和实践基础，并有着自己独特的系统思想方法，即学科方法论。目前，地理教学设计虽建立在多个学科理论基础之上，但由于教学本身是一种较多涉及人类思维活动的复杂系统，因此揭示其中学习规律和教学规律方法并不像解释自然现象那样简单，所以解决复杂系统问题的思想方法便成为了教学设计的一般方法。地理教学设计方法论即系统思想方法，它把影响教学效果的各要素看做是一个有机整体，即"地理教学系统"，一个为达成特定目标而由各要素按照一定互动方式组织起来的，具有稳定结构与基本功能的集合体。系统思想方法的根本特点就是从确立整体目标出发，寻找达成目标的最优途径与措施。迄今为止，曾经对地理教学设计系统思想方法，即学科方法论产生过特别重大影响的学习理论，主要有行为主义、认知主义、建构主义等学习理论。

（1）行为主义教学设计方法论。

早期教学设计主要依据斯金纳的行为主义心理学进行研究。行为主义心理学在历史上曾有许多流派，其共同特点是从行为角度观察人的心理，并试图由此找到人的行为本质及其变化规律，从而有效控制学生学习行为。行为主义学习理论即行为主义心理学，它以操作性条件反应与强化原理为理论基础，主要针对所谓外部刺激与反应联结的学习原理进行研究，遗憾的是它始终没能深入到学生内部的思维活动之中。行为主义教学设计即是基于行为控制而设计教学的，其根本宗旨在于完善人的学习行为，因此这种方法论十分强调以学生外部反应行为来描述和检测教学问题的表征，要求以学习内容的知识技能结构作为展开教学活动的逻辑线索，并通过小步子与及时反馈强化等手段来有效增强解决教学问题方法。

值得肯定的是，行为主义教学设计在技能性训练与作业操练中具有明显效果,它所提出的控制学习环境、重视学习效果客观行为和重视反馈强化等观点,尤其是对学生学习内容进行任务分析的基本方法至今还具有现实意义。但是,行为主义教学设计方法论毕竟还是一种比较单纯的方法论,它对教学现象、教学问题和学习结果表征的描述仅仅依据外部行为,因此它无法完整地揭示人类复杂的学习活动。另外,所提出的外部刺激与反应联结学习原理也过于简单,不能有效揭示学生大量的智慧性学习现象与学习规律。故常常造成教学设计方法难于迁移和学习原理难于构造内在联系等现实问题,虽然行为主义教学设计者在后来为克服学习原理局限性采取了所谓的工程学替代方法,但随之而来又导致了整个教学设计过程的烦琐复杂和效率低下等弊端。

(2) 认知主义教学设计方法论。

20世纪70年代至80年代是认知主义学习理论占主导地位时期,同时也是认知主义教学设计重要的形成与发展时期。认知主义学习理论建立在具体的认知心理学基础之上,历史上也出现过许多风格各异的流派,但它们都共同致力于研究人的认知活动性质及其过程,这也是所有认知主义教学设计的共同特征。认知主义教学设计基于学生认知发展而进行教学设计,其根本宗旨在于发展学生的认知能力与水平;与行为主义教学设计相比,其理论研究基本能深入到人类内部的思维活动之中,并强调内部认知倾向和认知结构在学生学习活动中的能动作用。另外,认知主义教学设计的设计原理性作用得到了有效加强,其设计操作更多依赖科学原理而不是行为主义的工程学测试调整,从而大大提高了教学设计的科学性与可操作性。再有,认知主义教学设计对教学问题的表征及其描述,采用了反映内部学习能力的学习结果分类术语,其解决教学问题方法则强调依据所鉴别出来的学习结果类型,并要求运用形成规律的内部条件设置外部教学条件,从而使其教学理论具有了相应的科学水平。

但是,由于认知主义教学设计方法论过多关注学生的知识技能获得,以及在相应认识过程中所形成的学生认知能力,因此其设计出来的教学系统一般都比较封闭,学习过程也具有明显的结构与线性,即所谓的"硬系统思维"。另外,认知主义教学设计方法论企图从"课程标准"和具体教学内容中,直接识别出所谓不直接依赖于具体学科知识的人类学习性能是很难的。再有,认知主义教学设计方法论用学生学习后能否解决复杂问题来检测学习性能并不客观,因为人类许多高级的所谓学习性能实际上很难在一次学习活动中形成,它常常需要经过学生多次的学习实践活动,在经历了比较漫长的学习时间后,并在学生主动获取知识技能的过程中才能形成。

(3) 建构主义教学设计方法论。

20世纪80年代末90年代初以来,建构主义学习理论及其教学设计不断崛起。其实,建构主义并不是一种具体的哲学流派,它是当今许多哲学思潮的共同主张。早期的心理学家、哲学家也曾对建构主义理念有过贡献,如皮亚杰(J. Piaget)、布鲁纳(J. S. Bruner)、维果茨基(JI. C. Bbllotckhh)等,当代建构主义者正是在充分吸收这些早期学者基本主张基础上,在融合了现代最新的哲学思潮和认知心理学成果后发展形成的。可以说,建构主义是对行为主义、认知主义等客观主义思潮的根本超越,建构主义教学设计方法论彻底抛弃了传统的系统思想方法,他们开始从系统科学的"混沌理论"中寻找启发,从而形成了所谓的"软系统思维"。如果说客观主义使教学成为了对人的控制过程,那么建构主义就是使教学成为了人的解放过程;它极其重视和尊重人的主体地位与价值,突出体现了当代的时代精神与特色,也正因如此建构主义学习理论逐渐成为了全球教学领域的基本理念。

建构主义教学设计方法论基于其知识建构理念而设计教学。在建构主义者看来人的心理表征与外部世界一样拥有真实的存在状态,特别强调知识是学习者个体建构的,是主体以已有知识经验为基础主动建构新的心理表征的过程,这种心理表征既包括结构性的知识,也包含非结构性的知识或经验;认为教学过程就是教师与学生一起对世界意义进行合作性建构的过程,是学生以自己方式建构对世界多种理解与多种意义的过程。因此,这种方法论认为遵循固定程序、步骤,且有规则、结构的传统教学方式并不能使学生有效建构知识,为此强调学习情景的真实性与丰富性，强调学习的非结构性、具体情境的丰富性和学习中的社会性等相互作用；认为学生学习不应再是沿着教师设计好的固定认识路线去获取某一特定知识结论，而应该大胆地让他们去进行自主的探索研究；认为学生的学习内容也不能再以学校为边界，而应广泛联系学生生活、社会生活和自然世界；认为学生的学习目标也不该再局限于掌握固定学科知识，而应在探索研究过程中让学生不断生成和完善自己的个人目标。所以，建构主义教学设计方法论所导致的学生学习成果必然是多元的，而且要求所制定的评价标准也应该是多元的，并特别强调学生的"主动·探究·合作"学习方式。

五、课外学习要求

认真阅读国外与国内有关的普通教学设计理论专著，进一步深化对地理教学设计学科概念、学科研究对象与任务、学科属性与地位，以及学科基础、学科方法论等认识，为有效把握地理教学设计学科特点、研究方法和设计方法奠定基础。

第 2 章

地理教学作课设计

❈ 地理教学作课设计的基本内涵
❈ 地理教学作课设计的基本程序
❈ 地理教学作课设计的基本要求
❈ 地理教师作课行为的基本规范与要求
❈ 设计训练要求

一、地理教学作课设计的基本内涵

1. 地理教学作课基本概念及其重要意义

地理教学作课简称作课，又称上课、授课或是讲课，是学校教师在"班级授课制"授课形式下，利用课堂向全班学生实施自己作课方案即课时教学计划的课堂教学实践过程。作课、授课、上课、讲课等称呼源自我国教育的不同历史时期，它体现着我国不同历史时期人们对教师课堂教学工作特性的认识与理解水平。虽然上述揭示教师课堂教学工作特性的表述均存在不同程度的片面性，而且至今我国也没有一种比较准确与完善的具体表达，但是作课却一直是我国学校教师从教工作的最基本内容，它直接反映着授课教师个人从教工作的能力与水平。

地理教学作课是地理课堂教学工作的实施阶段与具体实践过程，是地理授课教师实施课时教学计划、完成课堂教学任务和提高教学质量的根本途径与制胜关键。地理作课过程不但包含了设计者自己事先准确预设的许多教学情景，而且常常还会出现各种预设与生成矛盾，特别在当今民主开放的学校教育环境之中，在新课程倡导的"主动·探索·合作"学习方式影响下，授课教师更会遇到许多事先无法预测的教学新变化，因此搞好作课的预设准备工作对于每一名地理教师来说十分重要。严格地讲，每一名地理教师要出色完成作课任务和充分提高课堂教学质量，既离不开作课之前预设交流的"说课"，也缺少不了作课之后总结反馈的"评课"，更离不开直接为作课实施应用服务的作课设计。

2. 地理教学作课设计基本概念及其重要作用

地理教学作课设计是设计者专门针对课堂教学实践活动，即地理作课活动所做的一项教学预设准备工作。它是地理课堂教学作课设计者依据具体教学理念、教学艺术原理和学习者认知心理规律，围绕如何组织开展好课堂教学活动而预先进行的一种计划性系统策划，也是地理课堂教学作课设计者为实现地理课时教学目标任务，以协调地理教学过程构成要素相互关系和实现各要素最佳组合配置为前提，以优化课堂教学实施策略、实施方法和追求课堂教学理想效果为目的而进行的一种周密考量与细致安排。

地理课堂教学作课设计的根本目的在于通过优化课堂教学实施策略、实施方法和强化授课教师实施行为，从而搞好实际课堂教学工作即开展好教师自己的地理课堂教学作课活动。因此地理作课设计在教师整个课堂教学工作中占有极其重要的地位，并对授课教师完成课堂教学任务和提高课堂教学质量有着十分重要的作用。这是因为设计者搞好地理教学作课设计，既能够为授课教师课堂教学的顺利展开与有序推进提供理想蓝图，又能够为形成教师与学生的良好教学互动提供前提保证，还能够有效促进学生的主动学习、探究学习和合作学习活动。

二、地理教学作课设计的基本程序

地理教学作课设计即作课方案设计，因其设计是针对具体的某个课时进行的，所以又称为课时教学计划设计。就本质而言，地理课堂教学作课设计是一种在分析受教育者学习特点、课时教学目标要求和具体教学内容，以及各种教学条件等教学过程要素相互关系基础上，统筹全局地精心构建教学方案的具体过程，也是一种构建备选教学方案和比较、选择教学方案的计划过程。因此，地理教学作课方案设计本身有着自己一整套完整的需要遵循的操作程序。

1. 研究课程标准，设计教学目标

《地理课程标准》是指导基础教育学校地理教学的纲领性文件，是我国地理教学领域里的法规，它由国家教育行政部门制定颁布，体现着国家对地理学科教育教学的统一要求。因此，地理教学作课设计要求设计者从研究《地理课程标准》开始，通过研究《地理课程标准》达到以下目标：一是让设计者及授课教师能够明确自己开展教学作课设计与实施教学的具体方向。二是帮助授课教师设计出与《地理课程标准》要求相一致的地理课时教学目标，从而为设计者顺利展开之后的系列设计奠定基础，即为授课教师有的放矢地设计教学方法、选择教学媒体、设计教学过程，以及开展课堂教学活动提供有效保障。

课时教学目标是一种针对具体课时教学内容而设计的效果目标，它是我国众多教学目标之中最具体、最细化的一种教学目标。与地理"课程目标"一样，课时教学目标一般由"知识与技能"、"过程与方法"、"情感态度与价值观"等分项目标，即三维目标构成。再有，课时教学目标也是我国目前各种教学目标之中，唯一需要授课教师自行设计与确定的教学目标，因此掌握课时教学目标的设计方法和表述方法对授课教师来说十分重要。地理课时教学目标设计有其一系列步骤与方法：首先，设计者需要认真学习研究《地理课程标准》的"课程目标"内容，即明确地理总目标、分项目标对本课题教学的总体规定，从整体上把握《地理课程标准》的课题教学意图。其次，要求设计者具体分析《地理课程标准》中"内容标准"的相关规定，进一步明确相应的单元（章节）教学目标要求。最后，要求设计者能够将"内容标准"中的相应目标要求进一步细化，设计出针对课时教学内容各知识点在"知识与技能"、"过程与方法"、"情感态度与价值观"方面应达到的预期效果目标。需要特别注意，《地理课程标准》中"内容标准"的规定与要求虽已比较具体，但仍然不能把它直接作为课时教学目标使用，因为"内容标准"所规定的仅是学生在完成单元教学内容后应获得的基本要求，且更多是针对学生在"知识与技能"学习方面的规定与要求，并非最为完整详细的课堂教学目标，所以原则上设计者及授课教师不能把它直接作为课时教学目标使用。

地理课时教学目标设计要求以行为目标方式陈述，其表述一般应具备五个基本要素，即行为主体、行为动词、行为条件、行为标准、行为内容，如"学生（行为主体）能运用中国地形图（行为条件）列举（行为动词）三列（行为标准）我国东西走向的山脉（行为内容）"。当然，设计者及授课教师在实际设计过程中也可适当简化，但前提条件是不能引起人们误解，如"运用中国地形图（行为条件）列举（行为动词）三列（行为标准）我国东西走向的山脉（行为内容）"；又如"运用世界地形图（行为条件）说出（行为动词）七大洲的地理名称、地理分布、洲际界线（行为内容）"。另外，地理课时教学目标书写视情况既可采用1、2、3、4的直接书写形式，也可使用分项目标，即"知识与技能"、"过程与方法"、"情感态度与价值观"等，结合1、2、3、4的详细表述方法。

2. 认真钻研教材，把握教学内容

地理教学作课设计之中的"钻研教材"有广义与狭义之分。广义的钻研教材既包括钻研地理教科书，还包含研究《地理课程标准》、《地理教师用书》，以及其他大量的教学参考资料；狭义的钻研教材则仅指设计者研读师生所共同拥有的地理教科书。需要特别注意，我国新一轮基础教育改革赋予了教科书全新的基本内涵，即现在学校使用的教科书教材已不再是传统意义上具有唯一性的，授课教师实施课堂教学的"法定"文件，而是一种仅供授课教师指导学生学习的教学材料，是师生之间开展学习交流活动的一种"文本"，或是称之为"一种依据课程标准编写的教案"。

虽然地理教科书教材已被赋予了全新内涵，已不再是传统意义上的"法定"文件，甚至设计者及授课教师可以进行自行修改完善，但钻研教材无论是过去还是现在仍然十分重要。因为授课教师只有认真钻研教材才能有效把握具体教学内容，才能使设计者及授课教师真正领会蕴涵其中的思想性、科学性原理，并为地理课堂教学活动顺利展开与有序推进奠定基础。地理教学作课设计者及授课教师钻研教科书教材，要求在具体的"懂"、"透"、"化"三个字方面下工夫："懂"，即要求设计者及授课教师在逐字逐句反复通读教科书基础上，弄懂教材之中的基本概念、基本原理和知识点的前后联系，使设计者及授课教师真正做到心中有数或是对教学内容的"胸有成竹"；"透"，就是要求设计者及授课教师能够摸熟摸透教科书的编排体系、知识结构，并准确把握课堂教学的教学重点、教学难点等内容；"化"，则要求设计者及授课教师将自己的思想情感与教材的思想性、科学性很好地融化在一起，为地理课堂教学知识流与情感流的交融奠定基础。

3. 深入了解学生，确定教学起点

　　学生是受教育对象和教育教学活动主体，为此我国新一轮基础教育改革再次明确了学校教育的职责，并对执教者提出了一系列新要求。要求设计者及授课教师"以学生为中心"，真正确立学生在教学活动中的主体地位；要求设计者及授课教师"以人为本"，树立为学生着想、为教学服务的崇高思想；要求授课教师在自己的分析、讲述、讲解中，在组织学生的讨论、探究、合作学习中，充分考虑学生的接受能力与学习需要。然而，贯彻落实这些新要求首先必须把其体现在设计者的教学作课设计之中，而所有这些又都需要以"深入了解学生"情况为基础，即所谓的教师备课首先必须备学生。再有，设计者只有"深入了解学生"才可能有效确定好自己的教学起点，才可能选择设计出最适应学生需要的有效教学方法。即让深入了解学生、确定教学起点、设计教学方法环环相扣紧密联系，使"以学生为中心"的教育思想理念真正得到体现，从而有效贯彻落实新课程对授课教师的系列新要求。

　　实际地理课堂作课准备工作中，设计者及授课教师需要了解学生的很多情况，就地理教学作课设计而言，所要了解的学生情况主要有学生已有地理知识与生活经验、学习兴趣与学习爱好、学习需要与学习习惯、个性差异与存在问题等基本内容。设计者及授课教师"深入了解学生"情况的渠道也有很多，但通常主要从班主任、任课教师和学生干部，以及与个别学生交谈等方面来进行；除此之外授课教师还可通过查阅学生作业本、考试试卷、成绩表册等渠道来完成。为有效确认设计者及授课教师自己所获学生情况的真实性与有效性，授课教师可通过实际的课堂教学反馈信息来进行验证，这样久而久之便可使设计者及授课教师获得比较准确的教学预见。

4. 设计教学方法，选择教学媒体

　　教学方法与教学媒体都是师生开展地理课堂教学活动必不可少的"中介"，是维系师生地理课堂教学互动交流的"纽带"，也是授课教师完成课堂教学任务即向学生传授地理知识的唯一"手段"。因此,"设计教学方法,选择教学媒体"在地理课堂教学作课设计之中非常重要,设计者必须给予足够重视并认真做好选择与组合,众所周知,教学方法并无好坏之分,但有有效与无效之别,有效与无效实际上就取决于设计者对教学方法的选择与组合,所以作为一名合格地理教师总是要善于抓好自己平时的学习与积累工作,通过不断学习先进教育教学理论和不断掌握新的教学方法与教学媒体来丰富自己的知识储备,通过不断掌握各种教学技能来增强自己的从教能力,并特别重视对教学方法与教学媒体的选择与设计、组合与搭配。

在现实地理课堂教学作课设计之中,要求设计者及授课教师确实把握新一轮基础教育课程改革要求,以现代课程理论和先进教学理念为指导,根据课时教学目标要求、学科特点与具体授课内容、学生认知特点与已有知识经验、教师本身特长、教学设备条件等教学方法选择依据,认真选择设计课题教学各知识点最有效的教学方法,并决定与之相匹配的最得当的教学媒体;要求设计者及授课教师根据我国新课程教学理念要求,多选择设计那些能够充分体现学生主体地位,充分发挥学生地理学习主动性、创造性的教学方法,并特别注意体现新课程所倡导的"主动·探索·合作"学习方式。

5. 设计教学过程,编写作课方案

设计教学过程、编写教学作课方案是地理课堂教学作课设计的又一项基本程序。其中,"设计教学过程"就是要求设计者及授课教师在完成各知识点教学方法选择与设计的基础上,站在整个课堂教学高度着眼于整个教学过程,统筹全局地考虑如何构建完整的教学过程与教学结构,如何协调好已选择确定的各种教学方法与教学媒体,怎样处理好课堂教学要素与课堂教学环节之间联系,以及教师讲授、学生活动、教具演示、教学时间分配等等重要问题。地理教学作课方案即地理教学作课设计所形成的教学方案,简称地理教案。地理教学作课方案是授课教师开展地理课堂教学实践活动的行动方案,也是将设计者及授课教师作课设计所形成的各种教学思路和方法构想,以书面形式固定下来的计划性文本;也是授课教师地理教学作课设

计最后阶段所形成的书面纲领，是地理教师进行教学作课设计辛勤劳动所获得的劳动结晶。

地理教学作课方案内容编写可详可略，即有详案与略案之分。地理详案与略案的选择主要根据设计者及授课教师个人教学经验和学校教学实际需要而定，对于新授课的地理教师来说一般只能设计编写详案，不宜写略案。另外，教案设计编写还要考虑其格式形式，目前地理作课方案设计编写的格式形式还没有固定要求，通常有列表式与叙述式两种基本形式，选择何种形式也要求依据设计者及授课教师个人教学经验和爱好习惯而定。再有，地理教学作课方案所设置的格式项目也可依据各地学校要求灵活决定，一般有课题、教学目标、教学重点与教学难点、教学方法、教学媒体、教学过程、板书设计、课后分析等几项基本内容。

三、地理教学作课设计的基本要求

地理教学作课设计及其所形成的教学方案，要求充分体现我国课程与教学改革理念要求，并特别重视学生学习过程、情感体验和能力培养等内容设计；要求能够顺利推进教学过程进程和有效促进师生互动交流，并注重创设相应课堂教学情景、意境，使学生能够真正积极主动地去开展学习活动。为此，教师地理作课方案设计需要注意以下基本要求。

1. 变教材内容体系为教学过程体系

我国新一轮基础教育课程改革至今已十多年，授课教师作课设计必须有一个根本转变。地理课堂教学作课设计再不能像传统那样成为对教科书内容的简单抄袭，当然也不能成为一种脱离《地理课程标准》要求的另行设计，要求设计者一定要能够变教材内容体系为教学过程体系，从而有效实现授课教师自己对教学内容的"二次创作"。或者是说，要求通过地理课堂教学作课设计，使教师课堂教学"讲授"不脱离教学目标要求和具体教学内容；"如何讲"则要求设计者遵循教学原则、教学规律，并结合地理教科书内容和学生认知规律要求，以及学生已有知识经验去进行策划设计，去进行相应的教法与学法的加工处理。

可以说，目前我国各种版本的地理教科书均是一种针对广泛地区和一般学生基础编写的教材，因此它很难完全适应具体地区和特定学校学生的学习需要。设计者及授课教师可以把这种教科书看做是一种依据"课标"要求和针对所有学生情况编写的普通教案，即出版社围绕"课标"要求所作的第一次教学创作。依据我国新一轮基础教育课程改革要求，设计者及授课教师有权结合校本学生具体情况对教科书内容进行相应加工处理，乃至进行自己的另行设计与编写，即有效实现授课教师自己对教学内容的"二次创作"。但是，设计者特别需要注意这种加工与处理的前提条件是不能脱离《地理课程标准》规定，也不能偏离具体地理课时教学目标要求，否则很可能会使授课教师自己的地理教学误入歧途。

2. 面向全体学生，注意有效把握

"面向全体学生"首先应该把其理解为对地理课堂教学作课设计，及其所开展的教学作课实践活动的一种基本指导思想。也就是说，要求设计者及授课教师的地理课堂教学作课设计一定要"以学生为中心"，充分考虑每一名学生的学习基础与学习需要，为全体学生的学习进步、全面发展和健康成长精心谋划，决不放弃对任何一名学生的教育培养，并树立为学生着想、为教学服务的崇高教学服务思想；要求授课教师的地理课堂教学作课设计一定要"以人为本"，面向全体学生去设计好自己的教学基本思路与主要教学程序，并注意把握好课堂教学深度，选择好教学方法和教学媒体，以及认真挑选好经典教学案例，从而有效促进每一名学生的学习进步、全面发展和健康成长。

但是，由于"面向全体学生"既是最基本的出发点又是确定教学起点，因此又要求设计者及授课教师一定要善于处理好面向全体学生与有效把握教学起点这一矛盾。面向全体学生与有效把握教学起点，实质就是一对难于完全调和的教学基本矛盾，因为学生的个体差异是客观存在，学生学习基础也是千差万别的，任何学校的任何班级始终都有好（少数）、中（多数)、差（少数）等不同层次的学生。所以，在"面向全体学生"基本指导思想引领下，授课教师既不能放弃对任何一名学生的关心与培养，更不能因只考虑"面向全体学生"而混乱了设计者及授课教师自己对教学起点的设计要求。

3. 遵循课改要求，可操作性要强

我国地理新课程教学要求与传统课程教学规定有着本质区别，突出表现在其课程目标要求、课程价值取向、课程内容结构、课程教学要求、课程评价要求等诸多方面。因此，授课设计者及授课教师地理教学作课设计要有别于传统备课，要能够充分渗透我国课程改革基本理念与基本要求；地理教学作课方案设计也要有助于体现新课程所倡导的学生"主动·探究·合作"学习方式，有助于学生学习主动性发挥、课堂教学氛围提高和探究性学习活动开展，有助于学生"动口"、"动手"、"动脑"等活动量增加，有助于学生创新精神和实践能力的形成与培养，从而实现国家高素质人才培养目标要求。

地理教学效果很大程度取决于授课教师的作课方案设计水平，取决于设计者对"课标"的把握能力和教材加工处理能力。为此，设计者及授课教师为教学过程推进与展开所作的具体筹划，为师生互动交流学习和学生主动学习所进行的预设准备一定要具有可操作性。设计者一定要设法使作课设计有利于教师自己的教和学生个人的学，地理教学作课方案设计编写也要注重实用性与有效性，其中，"教学过程"设计的主体内容一定只能是教与学的具体内容，教学方法应用只要标注呈现出来即可，切忌把一份教学地理作课方案编写成教法分析，更不能摆花架子使地理教学作课方案成为"花拳绣腿"，中看不中用。

4. 体现学生活动，避免"满堂灌"

在我国新一轮基础教育课程改革的今天，授课教师的课堂教学行为不应再是"灌输"，而应该是一种在启迪基础之上的"点燃"。针对我国传统课堂教学过程存在的种种弊端，特别是教师对学生施加控制、学生学习被动、机械记忆严重，以及教师大包大揽"满堂灌"等现象，要求设计者及授课教师必须采

取相应改革措施加以调整。一是要求设计者依据我国课程与教学改革理念要求，着眼于国家长远利益和学生终身发展需要，多设计安排一些师生教学互动的内容与方式；二是要求设计者"以人为本"、"以学生为中心"多设计开放性课堂活动，使学习的学生能够充分参与到教学活动中来；三是要求授课教师有效落实学生系列设计活动安排，从而有效避免教师大包大揽"满堂灌"现象，使地理课堂教学更多呈现新课程所倡导的"主动·探究·合作"学习方式。

设计案例一：第二节　世界的海陆分布

学科	地理	授课年级	义务教育七年级
学校	红塔区北城中学	教师姓名	贾　黎

教学内容分析	本节教材包括海洋与陆地、七大洲、四大洋等三部分内容，是学习世界地理的基础。通过对本节教材的学习，学生对大洲和大洋的知识有了大致的了解，初步形成了正确的地理位置观。从读图的意义上，培养学生从图中直接读取地理信息，描述概况，分析比较，进而独立说明，这是本节重要的教学任务。这样既巩固了地图和地球的知识，又对今后学习世界地理打下了良好的基础。因此本节内容起着承上启下的作用，占有非常重要的地位。
教学对象分析	教学对象为义务教育七年级学生，在此之前已经学习了地图和地球的知识，具备学习本节内容的基础，但在建立空间概念方面存在欠缺与不足。针对这些情况，在学生学习时主要利用课件和学生的参与，培养学生读图分析能力，并指导学生用"图上记忆法"记忆地理事物的空间分布。
教学设计理念	本节既是学习世界地理的基础，又是学习地理所必备的知识，无论在知识体系上还是在内容上都起到了承上启下、统领全局的作用。认识地理事物时一定要图、文结合，确实落实在地图上。让学生通过读图获得直观感受，并理解其逻辑关系。在此基础上加强读图训练，强调七大洲、四大洋的相互位置关系。总之，教学中要灵活运用多种教学方式，注重学生的自主、合作与探究学习。
教学媒体运用	1. 地球仪、世界地形图、自制各大洲轮廓剪纸图片。 2. 多媒体课件（辅助教学）。

续 表

教学目标	（一）知识与技能 1. 运用地图和数据说出全球海陆面积的比例，描述海陆分布特点。 2. 运用世界地图说出七大洲、四大洋的地理分布和概况。 3. 初步学会绘制简单几何图形表示大洲的基本轮廓及相互位置关系。 4. 通过学习七大洲、四大洋，培养学生的观察力和空间思维能力。 （二）过程与方法 　　参与式开放型教学，"以学生参与为标志，以启迪学生思维、培养学生创新能力为核心"，根据教学进度的需要，设置一些有启发性的问题，尽可能给学生提供动脑、动手、动口的机会，发挥教师主导作用，体现学生主体地位。 （三）情感态度与价值观 　　通过学习，使学生认识到今天正确反映在地图上的海陆面貌，是无数人科学探究与拼搏奋斗的结果，激发学生的求知欲望和探索精神。
教学重点	1. 地球表面海陆面积比例，海陆分布特点。 2. 七大洲的名称与分布。 3. 四大洋的名称与分布。
教学难点	名词、地名较多，用"图上记忆法"记忆地理事物的空间分布。

教学过程

教学内容	教师活动	学生活动	设计意图
课导入内容	同学们，通过上节课的学习，你们已经了解了地球的形状和大小，认识了地球的模型——地球仪。刚才你们每个小组已经发了一个地球仪。现在，请先把球体拆下来，我们来做一个抛接地球仪的活动，看看右手拇指按在海洋上的次数多还是陆地上的次数多。 　　同学们，这次统计的结果是：按在海洋上的次数多，概率高。这说明地球表面海洋多还是陆地多？ 　　对！水星无水，地球少地。这节课我们一起来探讨地球的海陆分布，走遍世界的大洲大洋！ 【板书】世界的海陆分布	小组活动：抛接地球仪10次，统计右手拇指按在海洋上的次数。	以游戏导入，引起学生兴趣，调动其学习的积极性。

续 表

海洋与陆地	1. 创设场景，引出问题。 （1）课件展示地球照片。教师提问：加加林认为，从太空看去，地球是个蔚蓝色的"水球"，可人们当初为什么给它起名叫做"地球"？ （2）展示答案：人类自古以来就居住在陆地上，陆地是人类生活和生产的场所。限于当时的条件，人们并不知道陆地之外还有更广阔的海洋，且海洋面积大于陆地面积。 （3）让学生观察地球仪，比较地球表面是陆地面积大，还是海洋面积大？ （4）课件展示"世界海陆面积比较图"，让学生看图、比较，教师引导归纳：地球表面"七分海洋，三分陆地"。 2. 合作学习，观察分析。 （1）展示"东西半球图"，让学生观察分析，海洋和陆地在东西半球的分布特点。 （2）展示"南北半球图"，让学生观察分析，海洋和陆地在南北半球的分布特点。 （3）教师特别提醒：不论怎么划分，地球的任何两个相等的半球，都是海洋面积大于陆地面积。	讨论、回答，然后齐声朗读答案。 通过观察、读图比较，得出答案：海洋面积大。地球表面海洋占71%，陆地占29%。概括地说就是"七分海洋，三分陆地"。 合作学习，认真观察分析得出结论： 从东西半球看，陆地主要分布在东半球，海洋主要分布在西半球。 从南北半球看，陆地主要分布在北半球，但北极周围却是一片海洋；海洋主要分布在南半球，但南极周围却是一块陆地。	直观、易于掌握。 培养学生合作意识。

续　表

七大洲	1. 自主学习，理解概念。 　　（1）课件展示"大陆、岛屿、半岛、大洲"示意图，指导学生结合课本自学、理解这几个概念。然后提问，并在图上指示。 　　（2）展示"世界的六块大陆"示意图，让学生看图回答。接着提问世界上最大的大陆、岛屿、半岛、大洲，引导学生回答，课件展示答案。然后出示"世界地形"挂图，给学生指示具体位置。 【板书】七大洲 2. 合作探究，认识大洲的名称和分布。 　　（1）让学生在地球仪和《地理地图册》上寻找七大洲，并请一位同学上台在挂图上指出七大洲。 　　（2）展示"七大洲的面积比较图"，提问学生七大洲的大小排列，并给学生补充口诀：亚非北南美，南极欧大洋。 　　（3）让学生用薄纸照着课本P23的大洲轮廓图描画，辨别、观察七大洲各自的轮廓特点。 　　（4）指导学生读《地理地图册》上"东西半球图"和"南北半球图"，学生分组合作探究，认识大洲的分布特点，并完成学案上的练习。 　　（5）课件出示练习，学生分组回答，教师在挂图上指示并在课件上依次展示答案。 3. 读图，寻找洲际分界线。 　　（1）课件展示洲际分界线图，让学生上台找出亚洲与欧洲、亚洲与非洲、南北美洲分界线。课件随之展示答案。 　　（2）出示白令海峡图，让学生确定亚洲与北美洲的分界线。课件随之展示答案。 　　（3）让学生结合课本P24的图及《地理地图册》，回答学案上的练习"知识拓展"，课件依次展示答案。	自学课本P22最后一段课文，抢答教师对概念的提问。 看图回答。 快速寻找七大洲。 看图比较大洲的大小排列。 描画大洲轮廓。 小组活动，合作探究，完成学案上的练习。 上台在图上指出分界线。 结合图，快速回答练习。	图文结合，易于理解掌握；培养学生自主学习的习惯。 培养学生读图能力，激发学生学习积极性。 培养学生绘画能力；亲手描画，加深印象。 培养合作精神，提高读图能力。 培养读图析图能力。

续 表

四大洋	1. 课件展示自学要求，让学生阅读课本 P25 图文，自主探究，理解概念（洋、海、海峡），认识四大洋的名称、大小和分布特点。 【板书】四大洋	结合屏幕上的图及《地理地图册》自学四大洋。	直观，图文结合，易于掌握。
	2. 课件展示"四大洋分布图"，教师即兴提问相关问题，学生抢答，教师及时在图上指示。	快速抢答。	培养学生答辩能力，活跃气氛。
	3. 活动：让小组代表上台在黑板上拼合七大洲的分布图，教师及时评价并给予表扬和鼓励。	小组自选代表上台拼图。	巩固空间记忆，活跃气氛。
课堂小结	1. 课件展示"课堂小结"，师生共同总结。 2. 课件出示"课堂反馈"练习，学生集体回答。	配合教师总结，集体回答反馈练习。	巩固、记忆所学知识。
板书设计	世界的海陆分布 ｛ 海洋与陆地 七大洲 四大洋		
课后反思			

（资料来源：云南省玉溪市第二届中学教师"高效课堂"教学竞赛）

设计案例二：第二节 认识地球（片段）

【教学目标】

1. 掌握纬度及其划分方法（中、高、低纬划分和南北半球划分）。

2. 分析认识南北纬度变化规律。

3. 掌握重要的纬线（南、北回归线；南、北极圈）。

4. 通过对纬线、纬度分析认识，增强学生地理空间概念与综合思维能力。

【教学重点与难点】

1. 掌握纬度及其划分方法。

2. 分析认识南北纬度变化规律。

【课型】新授课

【教学方法】讲授法、直观教学演示法、读图分析法

【课时安排】20 分钟

【教学媒体】地球仪

【教学过程】

〖复习导入〗

同学们，前面我们已经认识了经线和纬线，下面请大家说一说什么叫做经线、纬线？经线与纬线都有哪些突出特点？

（思考问题）想一想地球上都有多少条纬线呢？我们应该如何来区别每一条纬线呢？

（启发引导）请同学们想想我们班上有这么多的同学，我是怎样区分我们每一个人的呢？（每个人的名字）。那同样的道理我们区别纬线的方法和区别人类似，只是我们不是给每一条纬线取名字而是给每一条纬线都标上一个度数，我们给纬线所标的度数就叫做纬度。下面我们就一起来认识一下纬度。

〖新课教学〗

（板书）一、纬度

（读图分析）

我们知道纬线是指赤道和与赤道平行的圆圈，下面我们利用板图进一步分析。我们规定赤道的纬

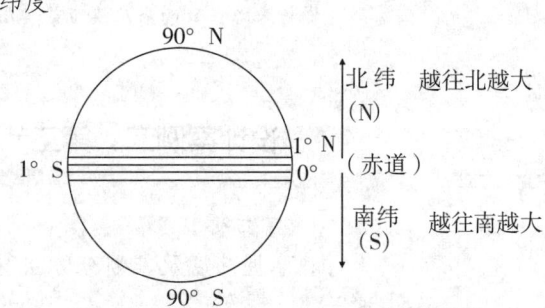

度为 0°，分别介绍北纬和南纬：赤道以北为北纬用"N（North）"表示，北纬最大值在北极点（90°N）；赤道以南为南

纬用"S（South）"表示，南纬最大值在南极点（90°S）。

（板书）1. 纬度的划分：赤道以北为北纬，用"N"表示；赤道以南为南纬，用"S"表示。

（讲解）从板图中所画的纬度划分可以看出北纬纬度越往北度数越大，南纬纬度越往南度数越大。从中可以得出一条纬度大小的递变规律：纬度由赤道分别向南、北两极递增，往北递增至90°N，往南递增至90°S。

（板书）2. 纬度的递变规律：由赤道向南、北两极递增。

（承转）同学们平时会听说篮球、足球、乒乓球，但是大家有没有听见过"半球"这种说法？其实半球就是将完整的一个球分成两半，那任意的一半我们都可以将它称之为"半球"，那如果我们要将我们的地球分为南北两个半球，大家想想我们应该从哪里划分才可以将我们的地球平均地划分为南北两个半球呢？（学生回答）

（总结）根据学生的回答进行分析，结合地球仪和前面所学的只是引出赤道是指在地球表面上与南北极点距离相等的地方所画的圆圈。得出赤道就是划分南北半球的依据。

（板书）3. 南北半球的划分依据：赤道（0°）。

（承转）我们的纬度它不仅有南北之分还有中、高、低之别，那我们应该怎样来划分中纬度、高纬度和低纬度呢？（让同学先看书回答，然后再利用读图分析）

（读图分析）

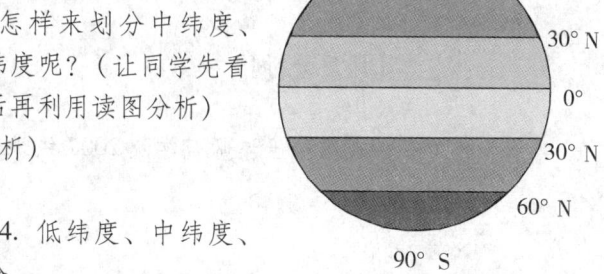

（板书）4. 低纬度、中纬度、高纬度的划分。

$\begin{cases} 低纬度：0°-30° \\ 中纬度：30°-60° \\ 高纬度：60°-90° \end{cases}$

（承转）下面老师再带领大家一起来认识几条重要的纬线的

纬度

(板图、板书)

5. 重要纬线：
$\begin{cases} 北回归线：23.5°N \\ 北极圈：66.5°N \\ 南回归线：23.5°S \\ 南极圈：66.5°S \end{cases}$

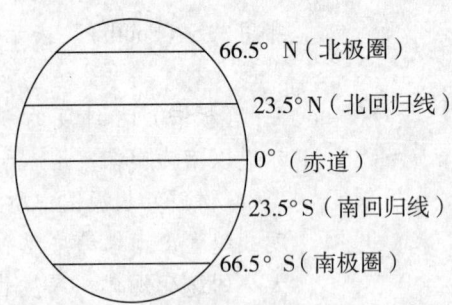

66.5°N（北极圈）
23.5°N（北回归线）
0°（赤道）
23.5°S（南回归线）
66.5°S（南极圈）

【巩固练习】组织同学完成课本18页的"活动"第1、2题。

【板书设计】

一、纬度

1. 纬度的划分：赤道以北为北纬，用"N"表示；赤道以南为南纬用"S"表示。

2. 纬度的递变规律：由赤道向南、北两极递增。

3. 南北半球的划分依据：赤道（0°）。

4. 低纬度、中纬度、高纬度的划分：$\begin{cases} 低纬度：0°-30° \\ 中纬度：30°-60° \\ 高纬度：60°-90° \end{cases}$

5. 重要纬线：
　　北回归线：23.5°N
　　北极圈：66.5°N
　　南回归线：23.5°S
　　南极圈：66.5°S

【课后分析】

（资料来源：玉溪师范学院2007级地理本科班学生 李世兰）

四、地理教师作课行为的基本规范与要求

作课行为虽属教学实践过程所表现出来的教师个人行为，但却直接影响课堂教学要素、教学结构、教学环节和教学节奏，以及师生互动效果与水平呈现。为此，我国广大教师一直以来

也非常重视对其进行预先的筹划安排。地理教师作课行为的策划与安排应紧紧围绕组织教学、实施教案和调整教案等作课工作基本内容来规范。其基本要求如下。

1. 有效实施课堂组织教学工作

所谓组织教学实际就是一种利用教学管理手段实施进行的课堂教学纪律维护活动，它是授课教师为确保课堂教学活动正常有序开展，通过对学生课堂学习行为、活动方式、学习情绪和听课注意力等实施调控，从而有效避免学生课堂教学违纪、违规问题产生，顺利完成课堂教学任务而组织开展的一种课堂教学纪律维护活动。组织教学通常由授课教师实施的一系列有目的、有计划或是随机的管理手段与工作内容所组成。它是基础教育学校课堂教学必不可少的一项基本工作，几乎贯穿于整个课堂教学过程始终，能够有效集中学生学习注意力，纠正学生各种无意违纪与有意违纪现象，使学习学生充分参与到课堂教学活动中来。地理课堂教学组织教学工作一般又分为直接组织形式、间接组织形式等两种基本形式，并由一系列"刚性"方法与"柔性"方法构成。

顾名思义，直接组织形式就是授课教师以直接方式组织开展的教学纪律维护活动。其主要针对学生的有意违纪现象或是为防止学生有意违纪现象产生而进行，并多通过直接规范学生学习行为或是纠正学生不良学习行为来完成，其实施方法基本属于"刚性"一类。如，授课教师依据课堂纪律常规要求直接批评教育违纪学生，或是即时责令违纪学生按照课堂纪律常规要求纠正自己违纪行为等。同样，间接组织形式主要针对学生所出现的无意违纪现象，或是为避免学生无意违纪现象产生而组织开展的教学纪律维护活动。其多通过调整学生学习活动方式、调节学生听课情绪，或是激起学生新的学习兴趣与欲望来完成，实施方法多属于"柔性"一类方法，在实际课堂教学中应用比较广泛，实施效果也比较好。如，教师通过巧妙利用上课起立、教学导入、教学方法变换等方法，调控学生学习注意力实施组织教学。

地理课堂教学组织教学工作的设计策划，除充分考虑其组织形式，实施方法选择之外，还要特别注意对其进行组合搭配。要求设计者及授课教师在实际设计与实施运用过程中，有效结合学生具体情况灵活选用直接与间接组织形式以及"刚性"与"柔性"方法，并可直接与间接并用，"刚性"与"柔性"并举。另外，为有效增强教师开展组织教学工作的具体实效，还要求授课教师一定要注意自己"为人师表"的形象，即要求塑造好自己平时在学生心目中的良好形象。因为一个在学生心目之中缺少良好形象，特别是彻底丧失威信的授课教师，即使是采取了全部的组织教学形式与方法，也无力搞好对学生的课堂组织教学工作。

2. 切实"忠实"于自己作课方案

教学作课方案是将授课教师作教学课设计所形成的各种教学思路与方法构想，以书面形式固定下来的计划性文本，是授课教师课堂教学作课设计最后阶段所形成的书面纲领，是授课教师开展课堂教学实践活动的行动方案，因此实施教学作课方案成为了整个作课工作内容的核心部分，也是授课教师开展课堂教学的中心工作。实施地理教学作课方案就是指授课教师课堂之中，按照自己地理作课方案时序安排呈现预设内容的具体过程。由于地理教学教学作课方案是设计者及授课教师课前通过统筹全局而精心设计的教学行动方案，因此通常要求地理授课教师应严格执行作课方案中所规定的各项设计安排，按照地理教学作课方案所制定的各项教学程序、教学方法开展教学活动。也就是说，要求授课教师教学中充分体现自己精心设计的教学行动方案，要"忠实"于自己精心设计的地理作课方案。

为了确保地理教师能够"忠实"于自己教学作课方案，能够按照教学作课方案所预设的各项规定与要求顺利开展各项教学活动，所以要求授课教师一定要做好课前充分准备，并把握好地理课堂教学进行之中各项内容。具体要达到以下两方面要求：一是要求授课教师课前必须通过熟记课时教学目标、教学重点、教学难点和具体教学内容来熟练掌握地理教学作课方案基本内容；二是要求授课教师课堂教学进行之中要能够灵活应用所规定的教学方法、灵活安排课堂教学环节和合理分配教学时间，并注意调节自己课堂教学节奏，提高地理课堂教学氛围。

3. 灵活处理各种预设与生成矛盾

地理课堂教学预设与生成矛盾既是设计者课前设计必须考虑的重要问题，更是授课教师课堂教学进行之中需要正确面对与妥善解决的基本矛盾。所谓灵活处理地理课堂教学各种预设与生成矛盾，就是指授课教师根据课堂教学实际生成情况，灵活调整教学预设方案之中的不当设计，即授课教师根据学生地理课堂学习与掌握具体情况，调整原来地理教学作课方案中与教学实际不相符合的设计内容。灵活处理地理课堂教学各种预设与生成矛盾是授课教师维护课堂教学良好生成效果，确保地理课时教学目标任务顺利实现而实施的教案调整活动，同时也是授课教师整个调整教案工作的核心内容所在。

灵活处理地理课堂教学各种预设与生成矛盾，实质就是授课教师依据课堂教学反馈信息，围绕地理课时教学目标要求，优化调整地理课堂教学活动的工作过程。由于授课教师教学作课设计总是不可避免地带有一定的主观片面性，加之受课堂教学活动因素多样性、多变性、复杂性等影响，因此地理课堂教学作课方案中某些预设内容、预设方法总会与实际教学情况不相符合，所以要求授课教师必须根据实际情况进行适当调整，即要求授课教师不要受自己原来教案的"束缚"。灵活调整地理课堂教学预设与生成矛盾常常需要授课教师经过收集反馈信息、分析反馈信息、做出调整决定等一系列分析加工过程，但在实际应用过程中这并不是一个很漫长的过程，而是一个非常快速的思维过程。另外，设计者及授课教师也要清楚不是所有的预设与生成矛盾都必须立即实施调整的，是否需要作出调整或是需要作出及时调整决定，还必须由授课教师根据预设与生成矛盾的矛盾性质和矛盾尖锐程度来决定。

五、设计训练要求

（1）依据我国普通高中和义务教育具体地理教材内容，结合本章所提出的课时教学目标设计方法与表述方法等具体要求，开展针对地理课时教学目标的具体设计与训练活动。

（2）根据我国普通高中和义务教育地理教材内容，结合基础教育《地理课程标准》要求和教学作课设计基本程序、基本要求，设计三份不同专题内容的地理教学作课方案即课时教学计划，并在课堂与课外组织开展具体的地理教学作课训练活动。

第 3 章

地理教学说课设计

❖ 地理教学说课设计的基本内涵

❖ 地理教学说课设计的内容与要求

❖ 地理教师说课行为的基本规范与要求

❖ 设计训练要求

一、地理教学说课设计的基本内涵

1. 基础教育学校说课的形成及其发展

说课与作课、评课一样，都是教师从教工作的基本内容与从教能力的直接体现。所谓说课通常是指授课教师在精心设计自己教学作课方案基础上，面对同行教师或是观摩比赛中的领导、专家等，主要通过授课教师自己口头语言解说表达，当然也可借助其他教学媒体与教学手段配合，向听者说出自己针对整个课堂教学过程及其活动内容，或是就某一特定教学课题内容所作的课堂教学设计与思考。地理教学说课特点在于其"说"即说课者的解说，要求解说清楚授课教师"教什么"、"怎样教"、"为什么要这样教"，以及学生"怎样学"、"为什么要这样学"等设计问题与理论依据。

说课源于我国基础教育学校探索实践，是现代教育教学改革的新创举。说课由我国最初的"教坛新秀"选拔方式发展而来，其本身具有许多独特优势，突出表现在以下方面：一是组织实施简便易行。因为教学说课形式本身基本不受任何时间、空间和人数等条件限制。二是活动开展省时有效。这是因为教学说课能够在较短时间内开展经验交流、学习讨论和意见反馈等大量交流活动，并能够有效完成对许多教师的甄别选拔工作。三是有利于展现教师从教能力与水平。教学说课本身能够有效展现说课者的教学设计水平与理论修养功底，有利于研究型、创新型地理教师的培养与脱颖而出。因此，教学说课能够很快在全国范围内顺利推广，并由最初选拔"教坛新秀"的人才选拔方式，发展成为今天广泛运用于学校教育教学领域的教学经验学习交流方式、教学研究方式和人才选拔方式等。目前，全国范围内已经成立了多级"说课研究协会"，各种研究专著、学术论文也不断涌现。

2. 地理教学说课设计概念及其意义

地理教学说课设计是指说课者为提高自己教学说课水平与

效果，围绕如何向听者解说清楚自己教学作课方案而预先进行的一种计划性策划，是先于教学说课而又直接为教学说课服务的一种教学预设准备。地理课堂教学说课设计直接为教师说课活动提供服务，并能够通过教学说课的呈现、交流、讨论、意见反馈等，进一步优化授课教师自己的地理教学作课方案，从而有效提高地理课堂教学水平和授课教师从教工作能力。地理课堂教学说课设计主要依据仍然是授课教师精心设计的教学作课方案，但又并非是对教学作课方案的简单抄袭与直接复述，它需要设计者依据课时教学目标要求、教学说课设计内容和教学说课设计要求对教学作课方案进行必要的加工与处理。为确保地理课堂教学说课水平与说课效果，初学者常常还需要完成书面形式的设计文本，即认真写出书面形式的地理课堂教学说课文稿。

地理课堂教学说课设计在现实学校地理教学工作中意义重大。首先，对于整个地理教学而言说课教学设计是起步，是完成整个学校地理教学工作的前奏，是教师谋事布局、规划蓝图的重要阶段。其次，开展地理课堂教学说课设计对于优化地理教学作课方案、提高教师教学水平和教师个人素质都具有重要作用，因为教学说课设计本身也是教师教学智慧生成与表达的过程，它能够帮助教师进一步认识教学过程，有效把握具体授课内容，从而增强教师地理教学说课、地理教学作课的必胜信心。再次，地理课堂教学说课设计能够有效促进教师的成长过程，特别对于刚刚走上教育工作岗位的年轻教师来说，把握地理课堂教学说课设计基本内容、设计方法和基本要求，积极开展教学说课设计和投身于教学说课活动之中，是他们快速成长为熟练教师、研究型教师，乃至创新型教师的重要途径。

二、地理教学说课设计的内容与要求

我国教学说课自产生以来全国各地就一直在进行广泛研究，并始终围绕其重点、热点积极开展教学实践。目前，我国对教学说课内容和说课要求尚无统一规定，且各地学校都有一些不同要求；另外，教学说课设计也因教学说课时间长短不同而有详有略。在现实地理课堂教学说课设计过程中，教学说课详略与教学说课要求主要取决于对方所给予的教学说课时间长短，因为地理教学说课时间虽然可长可短基本没有固定限制，但教学说课时间的长与短却决定着设计者对教学说课内容的具体选择，也影响着整个教学说课设计的基本要求，所以教师教学说课要求与设计要求需要依据对方所提供时间长短来决定。完整的地理课堂教学说课设计过程，一般包括说地理教材、说教学方法、说学生学法、说教学过程、说教学评价等基本内容。

1. 说地理教材

说地理教材，要求教学说课设计者注意解说清楚自己准备"教什么"一类话题。即要求设计者及说课教师向听者说出自己地理教学作课方案所设计的主要教学内容，以及针对地理教材内容所做的具体分析与加工处理，比如本节课主要教授的地理知识点、教材编写意图、地位与作用、新旧知识衔接点与生长点，以及授课教师在自己"二次创作"中所做的具体删减与增补内容等。另外，要求教学说课设计者说出自己所设计的地理课时教学目标内容及其设计依据，比如设计了什么样的课时教学目标，为什么要确立这样的教学目标等。再有，要求教学说课设计者说出确定本课时教学重点、教学难点，或是某一特定教学课题内容的教学重点与教学难点及其依据来源，比如本课教授的教学重点是什么，自己是依据什么确定出来的，教学之中学生可能会存在哪些学习困难，即教学难点是什么，自己又是如何判断出来的等等。

2. 说教学方法

说教学方法，要求设计者及说课教师主要表达清楚自己接下来准备"怎样教"一类话题，并且解说清楚自己"为什么要这样教"的基本道理。由于地理教学方法的选择设计与组合搭配至关重要，它直接影响地理课堂教学目标达成和学生学习任务完成，因此特别要求设计者及说课教师注意向听者说出自己为落实课时教学目标要求，或是为了激发学生学习兴趣、培养学生创新精神和实践能力等，所选择设计与组合搭配的主要地理教学方法及其理论依据。另外，还要求设计者及说课教师向听者说出自己贯穿于整个教学设计之中，特别是教学方法选择设计与组合搭配之中的主要教育教学理念，或者是重要的设计意图是什么等。

3. 说学生学法

说学生学法，需要设计者及说课教师表达清楚要求学生"怎样学"的具体方法，并且解说清楚"为什么要这样学"的基本道理。为此，设计者及说课教师首先需要向听者分析学生学习过程中很有可能会出现的学习困难和认知障碍，以及能力培养内容及其需要条件。然后，说出设计者自己为克服学生学习困难和认知障碍，以及相应能力培养需要而设计的学法指导方法或是一系列设想。最后，要求说出设计者及说课教师建构整个学法指导方案的基本理念，或是主要设计依据等，即回答"为什么要这样学"的教学基本道理。我国新一轮基础教育改革十分强调增强学生参与活动，倡导学生"主动·探究·合作"学习方式，因此要求设计者及说课教师一定要给予足够重视，并在自己的具体设计和说课之中充分体现出来。

4. 说教学过程

教学过程是整个地理教师教学说课内容的主体部分，也是体现教师自己教学说课水平与教学说课设计能力的核心内容，同时还是教师"教什么"、"怎样教"、"为什么要这样教"、"怎样学"、"为什么要这样学"等设计问题与理论依据的具体体现。为此，特别要求设计者及说课教师围绕以下两方面内容进行解说：一是要求设计者及说课教师必须解说清楚自己教学过程设计的基本思路与主要程序，包括体现授课教师自己教材分析、教法设计、学法指导和评价分析意图的独特设计或是巧妙安排等，由于该部分涉及内容很多，设计及其语言解说过程一定要注意思路清晰、条理清楚、重点突出、特色鲜明。二是要求设计者及说课教师一定要说清楚自己设计教学过程基本思路与主要程序的理论依据是什么，从而有效体现设计者的地理课堂教学说课设计及其教学说课活动水平与深度。

5. 说教学评价

　　这里所说教学评价，即是授课教师针对学生课堂教学活动所准备实施的形成性评价。说教学评价，就是要求设计者及说课教师解说清楚自己针对课时教学目标要求、学生活动状况所设计的地理形成性评价方案，或是地理课堂教学巩固练习方案；再就是要求设计者及说课教师解说清楚自己针对学生形成性评价结果，所准备实施的反馈矫正具体措施。众所周知，形成性评价是授课教师检查地理课堂教学效果与学生地理学习水平的重要手段，是学生巩固所学地理知识和形成相应技能技巧不可缺少的测量评价，因此，要求设计者所确立的具体教学测量评价方案与教学测量评价指标一定要科学，用于教学测量评价的测试题、练习题、思考题等命题也一定要准确客观，即既要能够充分体现地理课时教学目标要求，又要能够考虑不同学生的地理学习基础与接受能力，并要求尽可能做到分层设计与区别对待。

地理教学说课设计内容、权重及设计要求略表

内容	权重	设计要求
说地理教材	20%	1. 说教师针对教学要求和学生情况，对教材内容所做的具体分析与加工处理。 2. 说教师所设计的课时教学目标内容及其设计依据。 3. 说教师所确定的教学重点和教学难点及其依据来源。
说教学方法	17%	1. 说教师所选择设计和组合搭配的主要教学方法及其依据来源。 2. 说教师贯穿于整个教学方法选择设计之中的主要教育教学理念，或是重要设计意图。
说学生学法	17%	1. 说教师针对学生可能出现的学习困难和认知障碍，以及相应能力培养需要而设计的学法指导方法，或是系列设想。 2. 说教师建构整个学法指导方案的基本理念，或是主要设计依据。

续 表

内容	权重	设计要求
说教学过程	30%	1. 说教师教学过程设计的基本思路和主要程序，包括体现自己教材分析、教法设计、学法指导和评价分析意图的独特设计或巧妙安排。 2. 说教师完成教学过程基本思路和主要程序设计的理论依据。
说教学评价	16%	1. 说教师针对课时教学目标要求和学生活动状况，所设计的形成性评价（巩固练习）方案。 2. 说教师针对学生形成性评价结果，所准备实施的反馈矫正措施。

设计案例：第二节　认识地球（片段）

一、说教材

1. 教材地位与作用

"纬度"是湖南教育版实验教材初一地理上册第二章第一节中的重要内容，是学生在学习地球仪"纬线"的基础上知识的延伸，同时又是学生进一步学习自然地理（如地图、极昼、极夜、气候等）的重要基础，"纬度"是贯穿整个地理学科的重要组成部分，对学生今后的生活、学习、实践都将有十分重要的指导意义，甚至会影响学生终生运用地图的能力，因此这部分内容是非常重要的。

2. 教学目标

为贯彻落实地理课程目标，即知识与技能、过程与方法、情感态度与价值观等三维目标要求，根据本节内容特点及素质教育的内涵，结合学生的知识水平及认知能力，我确定以下四点教学目标及其教学重点与教学难点。

（1）掌握纬度及其划分方法（中、高、低纬度划分和南北半球划分）。

（2）分析认识南北纬度变化规律。

(3) 掌握重要的纬线（南、北回归线；南、北极圈）。

(4) 通过对纬线、纬度分析认识，增强学生地理空间概念与综合思维能力。

3. 教学重、难点

(1) 掌握纬度及其划分方法。

(2) 分析认识南北纬度变化规律。

二、说教法

新课程以培养学生的创新精神和实践能力为重点，以促使学生学习方式的转变为突破口，使教材符合学生的实际，因此我根据本节教材的特点主要采取了以下几种教学法：

1. 直观教学法：通过观察地球仪和板图板画演示，培养学生的观察力和空间想象力，深入掌握纬度的划分；南北半球；中纬度、低纬度和高纬度的划分；南北回归线和南北极圈等方面的知识。

2. 比较教学法：通过对纬线的长度比较，加深学生对纬度的递变规律的理解能力，增强学习的意识，使学生深入了解纬度的基础知识。

三、说学法

1. 尽量从感性入手，用问题引导，把感性和理性相结合，充分注意教学的启发性，努力使学生成为积极主动的思考性学习者，而非被动的听众。

2. 辨图识图是学生应掌握的基本地理技能，也是能引发学生兴趣的兴奋点。探究活动，既考虑到了基础性，又考虑到了实践性和应用性。

3. 充分发挥学生学习的自主能动性，通过完成课堂练习，及时巩固所学的知识。使学生做到会观察、会分析、会归纳、会运用、会总结。

四、说教学过程

首先，复习前面所学的纬线的概念再以平时生活中常见的例子：请同学们想想我们班上有这么多的同学，我是怎样区分我们每一个人的呢？（每个人的名字）。那同样的道理我们区别纬线的方法和区别人类似，只是我们不是给每一条纬线取名字而是给每一条纬线都标上一个度数，我们给纬线所标的度数就叫做纬度。下面我们就一起来认识一下纬度。引出"纬度"这一概念。简单明了且学生容易理解。

然后，引出"纬度"的概念之后就是要解释什么是纬度，应该怎样进行纬度的划分？如果不结合板图板画即使老师再怎么解释对于学生来讲都是纸上谈兵不知所云。因此本节课我充分结合自己所画的板画进行讲解。纬线是指赤道和与赤道平行的圆圈，要认识纬度就要先找到赤道。赤道是距离南北两极距离相等的地方所画的圆圈，所以先在板图上画上赤道的位置，并且给赤道定义了它的度数为0°。并结合板图画几条南北纬线示意，当同学们发现图上赤道以北和赤道以南分别有两条相同的纬线时再给出南北纬度的划分。在从赤道开始划分南北纬，北纬是指赤道以北的纬线，北纬最大值出现在北极点，为90°，北纬用"N"表示，这是因为"北方"这个词在英语里是"North"；南纬是指赤道以南的纬线，南纬最大值出现在南极点，为90°，南纬用"S"表示，这是因为"南方"这个词在英语里是"South"。分别用这两个单词的开始第一个大写英文字母表示北纬和南纬。

再有，在得出南北纬的划分依据之后我又带领同学们看板图中纬度的大小变化规律，先让同学们自己看是否可以找出其中的变化规律，以此来培养学生的思维和总结判断能力。之后我给同学们分析总结出纬度的变化规律：北纬是从赤道开始向北依次递增到北极点（90°N），南纬是从赤道开始向南依次递增到南极点（90°S），由此可以得出纬度大小变化的规律就是"由赤道开始向南北两极呈现出递增的规律"。

通过以上的学习学生对于什么是纬度都有了一定的了解，接下来我介绍了南北半球的划分。要介绍半球的划分首先要先知道什么是"半球"？顾名思义"半球"就是将一个完整的球划分为平均的两半，其中的任意一半都可以称之为"半球"。我先让学生思考如果叫他们自己把地球划分为南北两个半球，他们将怎么样来划分。学生在回答之后我根据前面所学的有关赤道的知识，赤道就是指在与南北极点距离相等的地方所画的圆圈。加以引申赤道就是划分南北半球的依据，这样层层递进有利于加深学生对知识的理解。这一过程，是由感性认识上升到理性认识的过渡，起到了桥梁与纽带的重要作用。因此，应慎重对待，力求准确无误。

  纬度不仅有南北之分还有中、高、低之别。在中、高、低纬度的划分的讲解上我让同学们自己看教材第17页的有关内容，我则在黑板上绘出板画，然后叫一位同学告诉我根据他看书的情况回答中、高、低纬度划分的方法。这个问题一经提出，学生就会积极进行思考和准备。因为点到谁，谁就会成为全班目光的集中点。如果不能及时站起来，那可能是一件大丢面子的事。这样，学生的学习兴趣又一次被推向高潮。同时我根据所叫到学生的回答在板画中作出相应的标注。最后得出中、高、低位的划分是：0°—30°为低纬度，30°—60°为中纬度，60°—90°为高纬度。同时在这一内容的讲解上还要提醒同学们南北半球都各自有各自的中、高、低纬度。板图和教师的讲解结合有利于学生直观的理解，符合初一学生的年龄特征。

  最后，我讲解的是几条重要的纬线（南北回归线、南北极圈）的纬度，在这一内容的讲解上我还是充分应用了板图板画进行讲解。北回归线：23.5°N、北极圈：66.5°N、南回归线：23.5°S、南回归线：23.5°S。同时我进行了相应的知识的延伸，例如：北回归线经过我们云南普洱市的墨江县，在那里还有一个北回归线的纪念碑。同学们以前可能有听说过极昼极夜这两种现象，但是没有一个人见过，这是因为极昼极夜这两种现象只有在北极圈以北和南极圈以南的地方才会出现，而我们云南的纬度大概在21°8′32″N—29°15′8″N。所以在我们云南是见不到极昼极夜这两种现象的。在这一内容的讲解上要和刚刚所讲的中、高、低纬度的划分进行区分。

  本课教学结尾我是利用课本上活动进行的结尾，我带领同学看课本上18页的活动的第一、二两个题。充分发挥学生学习的自主能动性，通过完成课堂练习，及时巩固所学的知识。

五、说评价

针对"纬度"教学内容，我主要安排学生完成教材第 18 页的"活动"第 1、2 题练习，希望通过练习检查和巩固学生所学知识。

本节课在讲解上重、难点基本突出，语言表达方面上基本清楚明了。但是由于本人的教学经验不足在课堂气氛的调动和有些知识点的讲解上还有很多要改进的地方，在讲课过程中由于有点紧张，教态不够自然大方。在组织课堂教学中没有很好地关注学生的纪律方面的要求。在课堂中学生的主体地位没有很好地体现出来，很多时候都是老师自己讲。我将会在以后的教学中认真吸取经验教训努力改正这些不足，多向其他优秀的教师学习。

（资料来源：玉溪师范学院 2007 级地理本科班学生 李世兰）

设计案例二：第二节 中国的气候（片段）

各位评委：

下午好！今天我说课的课题是：湘教版初中地理八年级上册第二章第二节——中国的气候。八年级学生，在七年级已经学习了世界的气候，知道气温是反映气候特征的主要因素之一，具备了学习气候的基础知识，拥有一定的气候图判读能力以及从图中提取、分析、归纳地理信息的能力；同时，本学段学生活泼好动，对新鲜事物的兴趣很高，但学习过程中容易存在停留在知识表面，读图、分析和归纳的能力还比较欠缺，需要教师在教学中逐步培养。

为了使教学贴近学生实际情况，更好地实现上述教学目标，在学习本节内容时抓住"引导学生学法，重视学习过程"这个核心来设计教学方法。我采用的教学方法主要有：情景导入法、读图比较法、自主探究法、合作学习法。在课堂教学中，为了激发学生的学习热情，提高课堂效率，我选择了多媒体教学辅助手段，采用了学生在教师的引导下主动学习、主动思考、自主探究、合作学习等教学方法。

降水是气候的重要因素之一，由于我国特殊的海陆位置使得我国降水也随海洋的远近发生变化，通过学习，能够帮助学生学会读图，进而获得相关的地理信息，并通过已知的地理信息来分析并解决身边的地理问题。根据地理新课程标准的要求和对教材、学生的分析，确定教学目标如下：

1. 了解我国降水的时空分布和季节分配的特点；
2. 学会读中国年降水分布图，并从图中找出相关信息；
3. 认识降水的分布对人类生活的影响。

教学重点和难点：

重点：我国降水的区差异；难点：800mm等降水量线、400mm等降水量线、200mm等降水量线的划分以及它们经过的主要地区。

为了完成课时教学目标，突出重点，突破难点，我设计教学过程如下：我将组织学生按照导学案，进行自主学习，初步感知本节课的主要内容和重点内容，形成自己的认识和结论。设计意图：导学案的使用，显著地突出了学生的自我构建的主体地位，隐含地注重了教师的主导作用，学生只有通过独立思考，才具备下一步交流完善的基础，因此，这一环节必不可少，并且至关重要。

导入新课：我引用生活中降水季节差异的例子来展开教学，通过该问题，引起学生对我国季节降水不均的关注与思考，激发学生的探究欲望和学习兴趣。

在学生自主学习的基础上，对照导学案预设的学习目标，教师组织学生进行总结，让学生明确哪些已经掌握，哪些还有困惑。设计意图：学生进行自我总结，以便更好地进行交流、提升。自我总结是一个很重要的学习方法，也是良好的学习习惯，因此教学中，教师要注意培养学生总结的能力和习惯。当学生明确了自己的困惑后，自然也就有了和别人探讨的欲望，这时，教师及时组织学生进行小组内交流和组间交流，或者师生互动交流，达到质疑解惑的目的。合作交流是很重要的学习方式，它不仅达到质疑解惑的目的，完善学生的认知，更重要的是突出了学生的主动性，让学生有了展示自我的舞台，培养了学生合作的精神。根据自主学习和交流的情况，教师引导学生再次进行总结概括，形成明晰的知识框架，然后，教师以问题的形式加以拓展延伸。总结概括，拓展延伸环节，开阔学生的思路和眼界。进一步激发学生的学习兴趣，同时，锻炼用地理知识解决生活问题的能力。

在本节课中，我主要运用多媒体展示课本上中国年降水分布图，围绕图讲解知识点，这样不仅培养了同学们看图读图的能力，同时也有利于同学理解记忆相关知识，能学以致用，最终达到教学的真正效果。

我的说课完毕，如果在教学过程中有不足的地方请老师们给予指正，谢谢各位评委老师。

（资料来源：玉溪师范学院 2007 级地理本科班学生 朱晓斌）

三、地理教师说课行为的基本规范与要求

教师教学说课行为虽属教学说课设计基本内容之外行为，但却始终制约影响着教师教学说课及说课设计的效果呈现，因此一直以来人们都十分重视对其进行约束与规范。为此，要求地理课堂教学说课设计者在其教学说课设计及教学说课之中一定要注意以下要求。

1. 端正说课语气，呈现基本内容

虽然地理教学说课设计与地理教学作课一样都以教学作课方案为基础，但说课与教学作课既有联系又有区别。因为教师教学说课的对象仅仅是自己的同行教师或领导、专家，而教学作课对象的主体一定是课堂教学之中的全体学生，所以针对同行教师，或是领导、专家的教学说课语气与针对全体学生的教学作课语气应完全不同。教师切忌不能把地理教学说课变成地理教学作课，要求使用正确的教学说课语气逐一呈现地理教学教学说课基本内容，即使教学说课过程中需要模拟一下课堂教学场景，如怎样导入、怎样提问、怎样结尾等，教师也要注意在模拟结束之后及时转换过来。总之，教师自己一定要保持清

醒头脑，切忌把整个说课场景变成课堂教学场景。

2. 突出教学过程，兼顾全面要求

地理教师教学说课所涉及的基本内容很多，但也决不能"蜻蜓点水"平均使力，教师一定要通过突出教学过程来兼顾全面要求。虽然地理课堂教学说课时间可长可短，教学说课要求也在很大程度上取决于对方所给予的时间，但是无论对方所给予的教学说课时间是长还是短，教师都必须突出"教学过程"，注意解说清楚自己的教学过程设计。即要求说课教师一定要说清楚自己教学过程设计的基本思路和主要程序，包括体现自己教材分析、教法设计、学法指导和评价分析意图的独特设计或是巧妙安排；再有，要求说课教师一定要向全体听者说出自己完成教学过程的基本思路、主要程序设计所依据的教育教学理论，即解说清楚教师自己作出如此设计的理论依据。

3. 体现设计特色，注意条理清楚

高水平教师教学作课总善于做到教有特色，并设法使自己的学生学有所获，因此地理课堂教学说课设计与地理教学作课一样也要求设计者充分呈现自己设计特色。因为设计特色无论在教学经验学习交流方式的教学说课过程中，还是在教学研究与人才选拔方式的教学说课阶段里都十分重要。另外，无论哪一种方式的教学说课设计都需要授课教师具有相应解说深度，即围绕教师"教什么"、"怎样教"、"为什么要这样教"，学生"怎样学"、"为什么要这样学"去充分揭示所设计问题与理论依据所蕴涵的深刻含义，并在基本思路和主要程序方面突出说明教师自己的独特设计，或是设计者自己所作的巧妙安排。再有，地理课堂教学说课设计、教学说课活动与地理教学作课一样都要求有相应层次变化，需要呈现出非常清晰明朗的良好效果，即要求思路清晰、条理清楚、重点突出、特色鲜明。

四、设计训练要求

根据我国基础教育《地理课程标准》要求和说课设计基本

内容与设计要求，结合普通高中或是义务教育地理教材具体内容设计三份不同专题内容的地理教学说课文稿，并在课堂与课外开展说课训练活动，形成相应的教学说课技能技巧。

第 4 章

地理教学评课设计

❖ 地理教学评课设计的基本内涵

❖ 地理教学评课设计的基本原则

❖ 地理教学评课设计的基本步骤与方法

❖ 地理教师评课行为的基本规范与要求

❖ 设计训练要求

一、地理教学评课设计的基本内涵

1. 地理教学评课概念及其基本类型

教学评课即进行课堂教学过程评价，实际上包含整个课堂教学的教学测量与教学评价两方面内容。地理教学评课是指评价者在随堂听课后依据所收集教学测量信息，即授课教师课堂教学行为及其教学生成事实，对授课教师教学水平和授课质量优劣作出鉴别判断，对教学成败原因进行深入评析的一系列教学测量评价活动。在现实地理教学评课过程中，首先要求评课者针对授课教师具体的一节课或是几节课全过程展开教学水平测量即事实判断，包括对教师、学生、课标、教材、场所等教学过程要素测定，对教学结构、教学环节、教学节奏、教学氛围等课堂教学过程状态判断；然后才是评课者依据所获教学测量信息对授课教师及其教学活动作出一系列准确的教学价值判断，对教学方法选择与应用水平、师生互动方式与互动效果价值进行评定，当然不同教学评课类型其教学测量侧重点和教学评价侧重点是有差别的。根据教学评课本身的实施阶段与完成内容细分，地理教学评课分为听课、评议等两大步骤与内容任务，因此地理教学评课又称为地理听课与评议。其中，听课是进行具体教学水平测量过程，是评课者通过对过程观测来收集评议资料和事实判断过程；评议则是评课者实施教学评价的具体过程，即进行具体教学水平认定与价值判断过程，它是整个地理教学评课的核心部分。

另外，依据人们组织开展教学评课的不同目的划分，地理教学评课又分为学习性评课、研究性评课、检查性评课等几种类型。学习性评课其主要目的在于进行学习交流，通常是听课者为吸取对方教学成功经验而专门开展的听课与评议活动。研究性评课则是指研究者们为总结提炼某授课教师教学成功经验而专门组织开展的听课与评议活动；或是指研究者们为探讨某一教学规律和总结具体教学经验，共同围绕某一特定地理课题所展开的系列相互听课与评议活动。检查性评课又是指学校领导、教研组长，或是上级教育行政部门领导对学校教师所进行的听课与评议活动，其主要目的在于检查授课教师的教学执行情况，了解授课教师教学水平或是学校教育教学质量状况。由于地理教学评课是直接针对教学过程而不是教学最后结果的测量评价，因此它既能够即时发现教学过程存在的优缺点情况，又能够比较快速地调整课堂教学存在的各种预设与生成矛盾，从而有效改善地理课堂教学结构和提高地理课堂教学质量，并可以有效避免结果评价可能失真等一系列评价问题，同时还可以极大地增进评课者和授课者之间的相互学习与交流。

2. 地理教学评课设计概念及其意义

相对于地理教学评课，地理教学评课设计则是为了开展好教学评课活动而进行的一种预设准备，是评课者为了提高自己的地理教学评课水平与鉴别评析能力，围绕即将展开的地理听课与评议活动，即地理教学过程评价而预先进行的一种计划性策划。地理课堂教学评课设计即是对课时教学目标、教学内容进行透彻分析，对教学过程、教学要素、教学方法等进行预设评析的计划过程。针对地理教学评课的具体步骤与内容任务，地理教学评课设计也同样分为听课设计、评议设计等两大设计步骤与内容任务。由于听课本身是对授课教师教学水平与授课质量进行教学测量的具体事实判断过程，因此重视听课设计是地理教师开展好具体听课活动的前提条件。由于评议是对授课教师教学水平和授课质量做出具体认定与价值判断过程，是整个地理教学评课活动的核心部分，因此做好评议设计准备工作关乎整个地理教学评课活动的具体实效。

地理教学评课设计根本目的，在于通过优化教学测量评价预设手段和强化评课者实施行为来提高实际教学评课活动效果，因此搞好地理教学评课设计具有十分重要的意义。首先，地理教学评课设计本身具有实践层面的重要的意义，因为教学教学评课者的评课设计及其后续的教学评课活动大多立足于操作层面，并可能涉及地理课堂教学过程的方方面面；其次，地理课堂教学评课设计还可能具有重要的理论意义，因为评课设计及其评课活动常常还是一种理论到理论的演绎，它能够有助于地理教育教学理论的充实与完善。所以，以地理教学评课设计为基础所总结、提炼出来的教学评课反馈信息，既有利于地理授课教师改善教学过程和提高地理课堂教学质量，又有利于评课者本身提高自身综合素质和搞好教育教学研究，还有利于学校层面加强自身的教育教学常规管理，并能够深化整个地理课堂教学改革和促进学生全面发展。

二、地理教学评课设计的基本原则

1. 科学性原则

所谓地理教学评课设计的科学性原则，就是要求评课设计者所制定的教学测量评价实施方案科学有效，即既要符合地理课程目标要求，又要遵循教学测量评价本身的内在特性与规律。我国新一轮基础教育课程改革所颁布的《地理课程标准》，全新定义了"课程目标"及其内容与要求，力图改变传统《地理教学大纲》在其"教学基本要求"中侧重对知识的记忆与掌握，以及单纯依靠纸和笔的考试成绩甄别选拔学生的片面做法，提出了知识与技能、过程与方法、情感态度与价值观等三维目标及要求。《地理课程标准》所提出的三维目标要求既是国家对学生全面发展要求的具体体现，又是开展地理教学评课设计和评课活动必须遵循的科学法则。此外，科学性原则还要求评课设计者认真遵循地理教学评课设计，及其评课活动本身所固有的基本特性与内在规律，并充分利用现代科学技术为教学测量所提供的有利条件，使评课设计者的教学评价即对教学测量信息搜集能够更为全面完备，教学测量评价信息的加工处理也能够更加准确充实。

2. 导向性原则

地理教学评课设计的导向性原则，即是教学评课设计及其教学评课活动根本目的的具体体现与要求。除地理检查性评课有所区别之外，地理教学评课设计及其教学评课活动根本目的不外乎就那么两个方面：一是通过教学评课活动促进双方的学习交流，即评课者展现自己教学评课水平与鉴别评析能力基础上，共同交流课堂教学成功经验；二是通过教学评课活动帮助授课者总结提炼教学经验与寻找课堂教学存在问题，从而有效提高授课教师的地理课堂教学水平。因此，要求评课设计者针对对方教学无论是成功经验还是存在问题都应该有正确态度，要善于站在学习交流或是帮助对方提高的角度去考虑问题，充分尊重被评价对象即授课教师的课堂教学劳动，尽可能给予对方中肯的意见与建议，切忌在教学评价设计与教学评价活动中冷嘲热讽，或是带着挑剔眼光以及其他不良动机去评析授课者；要求评课设计者讲究教学评课设计方法，设计平等友好、和谐坦诚的交流氛围，让对方充分感觉到自己的诚恳与善意，努力使教学评课成为彼此交流对话与沟通理解的良好过程，从而有效体现自己教学评课水平与鉴别评析能力，并有效激励授课教师不断提高进步，切忌使用居高临下、高高在上的设计语言让授课教师不知所措难以接受。

3. 公正性原则

由于地理教学评课设计及其教学评课活动根本目的在于学习交流与总结提高，因此要求评课设计者在展现自己教学评课水平与鉴别评析能力的同时，一定要注意尊重授课教师课堂教学劳动，并充分考虑对方各种课堂教学限制条件，根据实际情况不带任何偏见地作出公正鉴别与真实的评析，而不能主观臆断地凭空想象作出随意决定。另外，由于地理教学评课过程同时也是评课者与授课者交流教学心得的过程，因此要求评课设计者在自己教学评课方案设计中不能只是考虑报喜不报忧，不要只说优点不谈缺点或是尽设计一些无关痛痒、不着边际的套话，更不能坐而论道地不断向对方发难或是空谈一番教育大道理。总之，地理教学评课设计及其教学评课活动只有在遵循公正性原则的基础上，理论联系实际地深入关键内容与实质问题，并实事求是地分析对方教学特色与亮点以及所存在的问题，并提出具有建设性与可操作性的具体改进措施，这样才可能使地理教学评课设计及其教学评课活动真正具有意义。

4. 可行性原则

地理教学评课设计的可行性原则，是指评课设计者所设计的教学测量评价实施方案所具有的可能性与可操作性。即要求评课设计者的教学评课方案设计既要考虑现实人力、物力、财力等可利用条件，又要分析获取信息资源与实施评价方法的各种限制因素，以及评价活动投入与产出等效益问题。或者说是贯彻可行性原则，需要使评价的总体要求符合客观实际，要能够在充分尊重客观条件差异性基础上，在充分了解授课教师教学水平情况下设计自己的教学测量评价方案，切忌主观臆断不切实际地苛刻要求授课教师；其次，要求评课设计者所设定的测量评价指标既要照顾全面，又不能贪多求全影响有限时间内教学评课作用的发挥，一定要有所选择地突出评价者自己的评析重点，并在确保科学性前提条件下尽量做到少而精；再次，要求评课设计者设计的各项测量评价指标具有相应基准，以有效确保学校教育教学的基本质量，并且要求各项测量评价指标具有相应分类要求，从而有效体现被评价者即授课教师的不同水平。

5. 依据性原则

所谓地理教学评课设计的依据性原则，即是教学评课设计及其评课活动重视事实证据和讲求理论依据的内在需求反映。它要求评课设计者在其教学评课设计及教学评课活动的评议过程中，设法通过教学测量所获得的事实证据与理论根据让人心服口服，即要求评课设计者既不能主观臆断地凭空想象与任意发挥，随意以自己喜恶爱憎愿望作出对授课教师的褒贬决定；也不能报喜不报忧地尽说优点不谈缺点，或是尽说些无关痛痒不着边际的套话；更不能坐而论道地发难对方或是空谈一通教育大道理，使授课教师不知所措，难以接受。一定要求评课设计者从地理课堂教学客观实际出发，根据客观事实证据和理论依据做出符合对方实际情况的公正鉴别与真实评析；要求评课设计者实事求是地说出自己鉴别与评析的事实依据、理论依据及其科学道理，要抓住本质举出实例，并从教育学、心理学和学科教学论的理论高度上去深入分析。

三、地理教学评课设计的基本步骤与方法

针对授课教师教学水平和授课质量的教学过程测量评价，要求通过对教学过程的观测和对生成结果的评析等两方面来进行。因此，完整的地理教学评课过程分为听课与评议两大阶段，并形成了地理教学评课设计相应的听课设计、评议设计等两大设计步骤与内容任务。其两大设计步骤与内容任务的设计要求如下。

1. 听课设计

听课设计是对授课教师教学水平和授课质量优劣进行教学测量的具体策划过程，是评课设计者通过对教学过程的观测设计来获取评议资料与事实证据的具体事实判断过程，也是评课设计者开展好整个地理教学评课设计的重要准备阶段。因此，搞好听课设计策划既是开展好评议活动的前提条件，又是评课教师评议事实依据获取和做出价值判断的重要依据来源。所以，设计者需要从"如何搞好听课"角度来规划设计自己的教学测量思路，并紧紧围绕如何做好听课前各种准备、听课中各项观测记录，以及听课后如何做好各类资料归纳整理等三个方面进行具体策划准备与设计安排。

为有效达成地理课堂教学听课目的和出色完成地理课堂教学评议任务，要求评课设计者必须同授课教师一样认真做好"备课"准备，紧紧围绕听课前、听课中、听课后认真做好自己的各项教学测量设计策划准备工作。做好听课前设计策划准备工作，即要求设计者同授课教师一样认真钻研教材、悉心考虑教法和策划作课方案，从而为评课者听课中获得准确、充足的教学测量事实材料，获得深刻体会和最大收获奠定基础；此外，如现实条件允许设计者还应在听课前后与学生交流，从而有效完成教师备课程序中的"了解学生"的任务。在做好听课中的设计策划准备工作中，设计者应注意考虑从打预备铃开始到打下课铃授课老师宣布下课为止的测量策划，要做好对地理课堂

教学全过程观测记录的计划安排，即设计策划好对教学过程结构、要素、环节等全面观测与记录。针对听课后的设计策划，要求设计者要考虑好如何为下一阶段的地理评议工作做好准备，即如何结合预设方案迅速归纳整理好自己的观测记录，如何尽快完成对所获得的各项教学测量材料进行相应加工分析等。

2. 评议设计

由于评议是对授课教师教学水平和授课质量进行具体水平认定与价值判断过程，也是整个地理教学评课设计及教学评课活动的核心部分，因此要求设计者按照"怎样做好评议"思路来进行筹划安排。所谓评议是指评课者依据自己听课所获教学测量材料和课时教学目标要求，对授课教师和学习学生的课堂教学行为，以及课堂教学生成事实进行价值判断的具体过程。实际上地理评议最直接的价值判断目的就是两个方面：一是对授课教师教学水平和授课质量作出价值判断；二是对授课教师课堂教学成败原因进行深入评析，当然透过直接的价值判断目的还可以达成其他更高目标要求，比如教学经验的学习交流、教学经验的总结分析、课堂教学质量的监督检查等。总之，地理评议设计既要有利于评课者顺利开展评议活动，并能够有效端正教师教学思想和树立正确教育观、质量观；又要有利于教师教学经验的总结提高或是相互之间学习交流，能够使教学成功经验进一步推广应用；还要有利于地理新课程教学理念要求贯彻落实，从而深化学校教育教学改革和全面提高课堂教学质量。

评议设计既要有全面考虑更应有评价者自己的重点评析安排，评课者要善于把自己听课中印象最深、最受启发或是最感到遗憾之处作为重点评析点，即要求评议设计者突出对授课教师主要得失与成败原因的深度分析策划。另外，教学评议设计本身实际上并没有固定的评价项目与指标设置等条件限制，评课者完全可以放开手脚进行大胆探索实践。只是为了有效提高实际的地理评议效果，设计者常常在预先的教学评议设计准备之中会做出一些全面的策划考虑准备。地理评议设计通常的策划考虑评价项目与指标要求如下：

- 课时教学目标：如，课时教学目标设计水平如何，目标达成度又怎样等。
- 教学内容构成：如，教材组织安排、加工处理是否得当，教学重点是否突出、教学难点能否突破等。
- 教学程序设置：如，教学过程设计思路是否清晰，主要教学程序设置是否合理，教学时序安排是否得当，教学结构、教学环节能否适应要求等。
- 教学方法与手段：如，教学方法、教学手段选择设计是否得当，组合搭配是否优化，有无改革与创新之处，应用能否娴熟自如等。
- 教师教学基本功：如，教学板书是否得当，语言表达是否流畅、能否明白易懂，语言艺术水平怎样，教师教学知识点把握水平如何，教态是否自然大方，媒体应用操作水平怎样，教师教学应变处置能力如何，教学组织管理是否灵活有效等。
- 课堂教学效果：如，教学目标任务达成水平，课堂教学信息量大小，学生活动是否充分、活动方式方法是否有效，教学氛围能否达到要求，教学激励度、学生满足度怎样，教学思想体现水平如何等。

四、地理教师评课行为的基本规范与要求

地理课堂教学评课者的课堂教学评课行为既体现评价者自身评课能力与水平，又反映教师个人职业修养水平与道德品质水准。因此，要求地理评课教师认真遵守教学评课设计及教学评课活动基本原则，并特别注意以下方面的基本要求。

1. 既要求有全面考虑，更应该有重点评析

地理课堂教学过程是一个极其复杂的教学系统，教学评课对象本身也涉及授课教师、学习学生，以及整个课堂教学过程。既包含教师、学生、课标、教材、方法、场所等教学过程要素，又涉及教学环节、教学节奏、教学氛围等教学结构状态，还囊

括了师生活动方式、活动水平等教学行为，因此测量评价指标设定原则上应尽可能覆盖全部要素，进行全方位的考虑。但由于授课教师和学习学生个体差异客观存在，加之地理课堂教学过程总是瞬息万变，所以要求评课者要善于把其中印象最深、最受启发和最感到遗憾之处作为评析重点，要求突出授课教师课堂教学的主要得失与成败，避免面面俱到、漫无边际而又不得要领的分析评述。另外，无论深度评析对方优点或缺点都应有效增强其说服力，并做到思路清晰、条理清楚和以理服人，即既要善于肯定授课教师教学作课好的方面，又要能够说出好在哪里、为什么好、是否还有改进提高余地；如果评析授课教师存在问题即不好方面，则要能够指出不好在哪里、为什么不好、应如何改进等。

2. 要抓住本质举实例，从理论高度去分析

实际地理课堂教学评课过程中，人们非常反感空喊口号式的教学评价，忌讳只是向对方空谈一番大道理的空洞做法，当然也反对尽说些无关痛痒不着边际套话的表面方法。评课者无论是评价授课教师成功的亮点还是存在的不足，都要求注意抓住本质举出实例，并从教育学、心理学和学科教学论的理论高度上去分析。即既要说出"好在哪里"，又要举出"好在哪里"的事实证据，还要能够说出"为什么好"的科学道理；如果评课者能够进一步提出自己如何"改进提高"的基本方法与具体设想，并能够在教育教学理论方面找到支撑自己"为什么好"与如何"改进提高"的理论依据，那么评课者的地理教学评课不但具有了相应深度，而且更有了非常不错的评析深度与理论高度。

3. 要实事求是论高低，正确展现能力水平

地理教学评课设计与教学评课活动要求评价者在具体鉴别与评析别人的时候，严格做到实事求是与客观公正。即既不能因对方与自己个人利益存在冲突或是怀有其他私心杂念而贬低对方，更不能完全否定授课教师教学劳动或是挖苦讽刺授课教师课堂行为。要求评课者通过实施应用正确的评析方法鉴别对

方，实事求是地肯定对方教学成绩和值得大家学习的成功方面，从而正确展现自己的教学评课能力与教学评课水平。另外，要求评课者一定要清楚评议表面上在评价别人，但实际上也是在向众人展示自己的教学评课能力与评析水平，以及自己的业务工作能力与职业道德修养水平，所以既不要庸俗肉麻地吹捧他人，也不要不切实际地苛求与贬低对方。

五、设计训练要求

根据地理教学评课设计基本原则和基本步骤与方法，以及教师评课行为的基本规范与要求，组织开展系列地理教学评课设计和实际的教学评课训练活动。

第 5 章

地理教学板图板画设计

◈ 地理教学板图板画设计的基本内涵
◈ 地理教学板图设计的基本图法
◈ 地理教学板图设计与速绘要求
◈ 地理教学板画设计的基本类型
◈ 地理教学板画收集与应用要求
◈ 设计训练要求

一、地理教学板图板画设计的基本内涵

1. 地理教学板图与教学板图设计概念

地理教学板图简称板图，又称地理略图，它是指授课教师教学过程中凭借自己记忆和熟练技巧，利用教学黑板、粉笔用简易图法与笔法边讲边画而成的简略地图，它是一种突出反映自然与人文地理区划及其内容的区划性描绘。地理教学板图一般由区划轮廓和专题内容两部分组成，但有时候也可以是单一的。比如，既有只是反映大洲、国家、省区、市县、乡镇等区划轮廓的内容比较单一的地理教学板图（图5-1），还有包含工业、农业、交通、人口、地形、气候、河流、资源等专题内容的内容比较完整的地理教学板图（图5-2）。

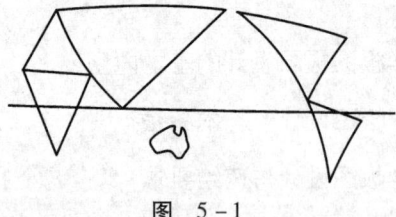

图 5-1

地理教学板图是一种广泛应用于地理课堂教学之中的图像媒体，这种图像媒体在实际教学应用过程中又被称为图解式直观教具，因此授课教师应用地理教学板图开展教学活动的方法也被称为图解式直观教学方法。

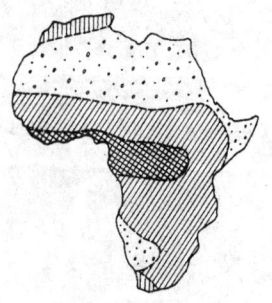

图 5-2

地理教学板图设计，即是一项先于教学板图实施应用的教学预设准备工作，是地理授课教师为提高自己教学板图表现效果和实施应用水平，依据地理授课内容及其教学表现需要而预先进行的一种周密考虑与细致安排。地理教学板图设计能够充分发挥教学板图实施应用本身所蕴涵的重要作用，能够极大地增强授课教师的地理课堂教学效果。

2. 地理教学板画与教学板画设计概念

地理教学板画简称板画，又称地理简笔画（图5-3，5-4），它是指授课教师教学过程中凭借自己记忆和熟练技巧，利用教学黑板、教学粉笔用简易笔法边讲边画而成的地理简略画，它是一种把复杂地理事物和地理现象及其变化过程通过简笔形式加以表现，且写意性和表现性极强的地理示意性素描。，例如表现北美西部地形对降水影响板画，地球表面水气循环示意板画等。同样，地理教学板画也是

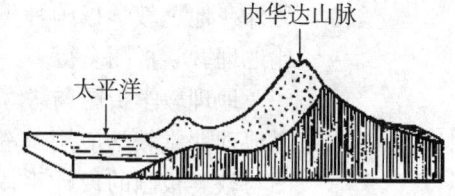

图 5-3

图 5-4

一种广泛应用于地理课堂教学的重要教学媒体，这种图像媒体又被称为图解式直观教具，教师应用地理教学板画实施教学的方法也同样被称为图解式直观教学方法。

地理教学板画设计仍然是一项先于教学板画课堂教学实施应用的预设准备工作，是地理授课教师为增强自己教学板画写意性、表现性和提高自己教学板画实施应用水平，依据地理授课具体内容及其表现需要而预先进行的一种计划性策划。地理教学板画设计得当也能够极大地增强教师课堂教学效果，能够充分展现地理教学板画本身所蕴涵的重要作用。

3. 地理教学板图与教学板画区别联系

地理教学板图与教学板画既有联系更有区别。地理教学板图所指的是各种地理区划性描绘，实质就是一种利用黑板与粉笔由教师手工绘制成的简略地图，一般由区划轮廓和专题内容两部分组成；地理教学板画则是指各种地理区划性略图之外的，反映各种地理事物和地理现象形态、结构以及变化过程的简略画。地理教学板画与教学板图相比其写意性和表现性都要更强，它是一种利用黑板与粉笔凭借地理教师手工完成的示意性素描。另外，地理教学板画种类远比教学板图更为丰富，其数量也要比地理教学板图多得多。

地理教学板图与教学板画统称为地理教学图画，它们在实际地理课堂教学应用过程中都同样具有重要作用。地理教学板图与教学板画的设计手段与应用都有着许多相同之处，在实际课堂教学实施应用过程中也常常相互搭配与补充使用，以致许多授课教师难于分辨哪些是教学板图哪些又是教学板画，而经常容易把它们混为一谈。另外，地理教学板图与教学板画都是地理学科独特的图像媒体和重要的教学手段，同样都被称为图解式直观教具，应用这种图像媒体进行教学的方法也都被称为图解式直观教学方法。

4. 地理教学板图与教学板画重要作用

地理教学板图与教学板画实际教学应用作用都非常大，它们能够有效吸引学生学习注意力、激发学生学习兴趣和促进学生思维活动。因此，地理教学板图、教学板画成为了地理学科课堂教学一种独特的图像媒体与重要教学手段，成为了地理教师需要掌握的必不可少的一项重要教学技术。地理教学板图、教学板画还是地理教师营造地理教学情境的独特手段，因此一堂优质地理课往往也总是与充满"地理味"的板图、板画相联系。特别在其他图像媒体条件不足情况下，地理教师应用教学板图、教学板画进行教学的技术水平直接与地理课堂教学效果相关。即使在装备了现代化多媒体辅助教学手段条件下，地理教学板图、教学板画应用仍然有着锦上添花的重要作用。另外，地理教师在自制教学幻灯投影片和设计地理课件时，仍然离不开教学板图、教学板画的设计基础与基本图法。

二、地理教学板图设计的基本图法

（一）区划轮廓表现图法

1. 几何图形法

几何图形法是设计者根据教学需要，把地理原图轮廓设计简化为最简单的几何图形的一种表现图法。如，大洲分布示意图（图5-5）。

几何图形法突出优点在于其区划轮廓设计非常简单，难度很小且实际勾绘应用也比较快；缺点则是区划轮廓设计过于简略，常常显得机械而不自然，而且往往与实际形状相差太大。由于区划轮廓形状与实际形状相差甚远，因此所能产生的作用也非常有限，即激发学生学习兴趣、集中学生学习注意力和促进学生思维活动的作用不会太强烈。再有，几何图形法教学应用范围也比较狭小，一般仅能用于说明简单的地理分布问题。

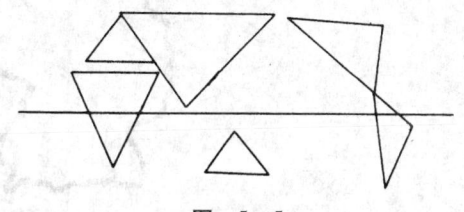

图 5-5

2. 折线图形法

折线图形法即是应用折线勾绘略图轮廓的一种表现图法，要求设计者舍去地理原图中的小弯曲，仅仅保留比较突出的大弯曲。由于折线各段多取直，所以折线图形法在线段与线段交接处往往都有角。比如，澳大利亚轮廓图（图5-6）。

折线图形法仍然保留着设计简单，实际勾绘难度小与勾绘速度比较快等突出优点；缺点也同样是设计勾绘过于简略，轮廓形状机械生硬让人感觉不自然。由于区划轮廓图形往往与实际轮廓形状相差很大，因此实际应用所能产生的作用也不会太大。另外，折线图形法的教学应用范围也不广泛，它仅仅比几何图形法作用稍大一点。

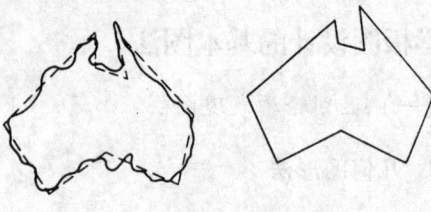

图 5-6

3. 曲线图形法

曲线图形法可以看做是在折线图形法基础上进一步发展而来的一种表现图法，也是所有区划轮廓图法中难度最大的一种表现图法。虽然曲线图形法设计也同样要求舍去地理原图中的系列小弯曲，但最终保留下来的弯曲却很多，并要求用曲线勾绘出略图轮廓。比如，德国轮廓图（图5-7）。

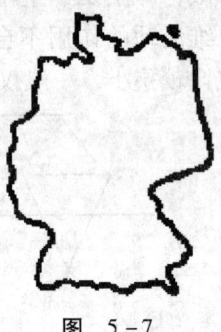

图 5-7

曲线图形法突出优点在于笔画弯曲自然，能保持地理原图轮廓的基本形状；其缺点主要是轮廓设计特别复杂，勾绘应用也比较困难，且勾绘速度一般都比较慢，勾绘速度快慢主要凭教师记忆和熟练程度而定。曲线图形法的教学应用作用很大，能够有效吸引学生注意力、激发学生学习兴趣和促进学生思维活动。另外，由于曲线图形法能够保持地理原图轮廓的基本形状，所以其教学应用范围也比较广泛，是各种区划轮廓图常用的一种表现图法。

4. 模拟形象法

模拟形象法是设计者在图法设计之中，抓住地理原图特征给予不致失真的适当夸张，经过简化处理把区划轮廓模拟成具体实物形状的一种表现图法。模拟形象法仍然使用难度最大的曲线进行勾绘，但是与曲线图形法之间又存在不同之处，它主要通过模拟手段把区划轮廓设计成人们容易记忆的动物、植物，或是其他的生产、生活用具等实物形状。如，把意大利轮廓图形状（图 5-8）模拟成一只"长靴"。

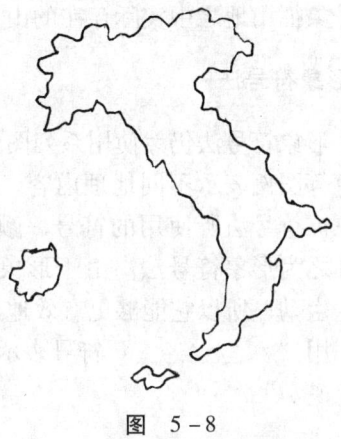

图 5-8

由于模拟形象法所设计的模拟图形十分便于记忆，因此它能够有效加快教师教学应用过程中的勾绘速度，其教学应用的具体勾绘过程也最能够吸引学生注意和激发学生兴趣。遗憾之处在于这种图法本身仅能用于某些具有特殊轮廓形状的地理原图设计，不是所有区划轮廓都能够使用这种图法进行模拟的。

(二) 专题内容表现图法

专题内容是指在区划轮廓图形之中所填绘出的具体地理内容，一般通过符号、颜色等图例和文字、数据等注记来表示。专题内容所设计的各种图例符号本身，实际就是一种创造性图法，常见图例符号的设计图法主要有以下几种基本方法。

1. 象征符号法

象征符号法是使用象征图例，即各种象征符号和颜色来象征、表示不同地理内容，从而反映出不同地理专题内容的一种表现图法。如，用"◎、⊙、○"符号代表人口不同的大、中、小城市，用"━■━■━"符号表示实际地面分布的铁路线，用"━━━"符号象征山地之中实际存在的山脉等。

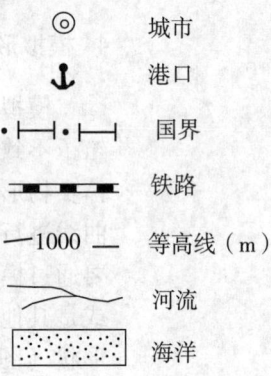

2. 形象符号法

形象符号法仍然使用系列图例来表示，要求通过各种符号、颜色等图例表示不同地理内容，只是这种图例符号与颜色要远比象征符号法所使用的符号、颜色更为形象、直观、生动，因此称之为形象符号法。由于形象符号较象征符号更为形象、直观、生动，所以它能够更有效地提高地理略图的整体应用效果。如，用"∧∧∧∧∧"符号表示山脉和用"■"符号象征实际的煤矿。

3. 圈点线条法

圈点线条法又称几何符号法，即是使用圈、点、线条等几何图例符号表示不同地理专题内容的一种表现图法。这种表现图法多用于绘制地理分布区内不同专题内容，对突出各种地理专题内容在"面"上的分布状况，揭示地理专题内容的分布特点具有显著作用。如，非洲大陆植被分布示意图（图5-9）。

设计者需要特别注意，虽说各种象征、形象、圈点线条等图例符

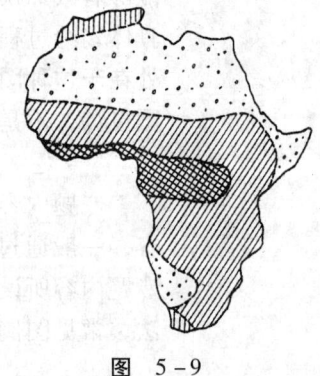

图 5-9

号设计本身是一种创造性图法，但为方便学生学习认知这些图例符号也要求尽可能统一，即要求所设计的图例符号尽可能符合地图一般性要求；另外，各种图例符号的大小、粗细、多少，还常常用于区别地理事物在"量"上的差别；再有，教师应用各种象征、形象、圈点线条等图例符号时仍然需要提醒学生注意，要设法使他们容易与符号本身所表示的专题内容联系起来，如有必要还可在图中或是图外加上必要的文字、数据来进行注记（图 5-10）。

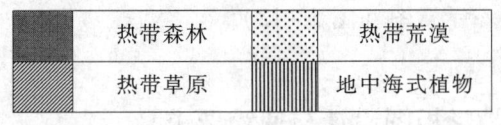

图 5-10

4. 示意图法

示意图法表现形式最为简明，即示意图法能够有效简化地理原图，通过舍繁复、去枝蔓、弃杂乱、抓基本，更多突出地理教学板图的示意性，且在表示地理事物"点"与"线"的具体分布，及其变化规律方面具有显著效果。如，铁路干线分布示意概图（图 5-11），图中内容既简明又单一，仅保留铁路干线及其起止点，其他内容一概舍去。

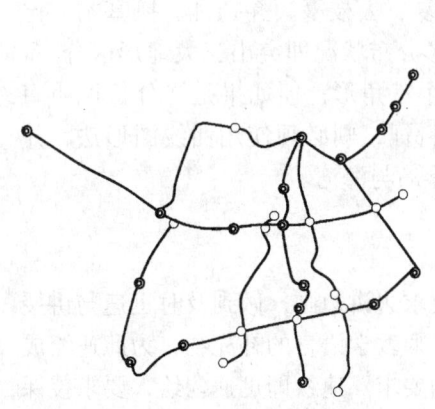 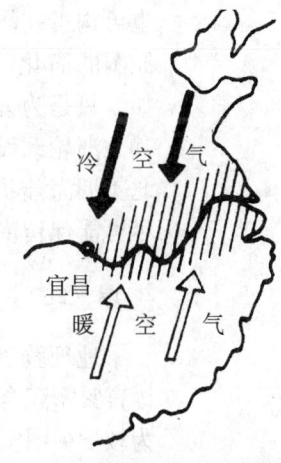

图 5-11 铁路干线分布示意图　　图 5-12 江淮流域梅雨季节形成示意图

5. 动态图法

动态图法是以略图形式揭示地理演变、地理动态的因果联系，并说明其地理成因的一种表现图法，因此动态图法又称因果性略图。动态图法主要使用箭头"→"来呈现具体的地理动态效果，并通过箭头粗细、指向、形状、颜色等，表示出不同动态因素的规模、结构、性质。动态图法常用于说明地理成因，揭示地理事物和现象的因果关系。如，江淮流域梅雨季节形成示意图（图5-12）。

三、地理教学板图设计与速绘要求

设计与速绘是地理教学板图教学应用的两大步骤与环节。其中，设计是教学应用的预设准备阶段；速绘则是教学应用的实施过程，也是对教师实践行为的具体要求。

1. 设 计

地理教学板图设计可详可略，但必须要求设计者在速绘之前完成。教学板图设计的详略主要依据教师经验水平和技巧熟练程度而定，所设计完成的教学板图底图既可安排在教案上，也可构思在教师头脑之中。地理教学板图设计核心即是对地理原图的简化，一般要求舍繁复、去枝蔓、弃杂乱、抓基本。比如，只是为说明南北美洲地形分布状况即突出三大地形区分布，其大洲轮廓设计可简化为两个三角形；但如果是为分析说明南北美洲海陆状况和大陆轮廓特征，则必须使用曲线图形法，并尽可能保留南北美洲突出的半岛与海湾。

2. 速 绘

地理教学板图实施应用要求边讲边画，做到及时迅速与讲授语言紧密配合，并使之成为教师教学语言的补充物，为此速绘成为教学板图实施应用最基本的要求。速绘即迅速勾绘，要求授课教师所勾绘的教学板图最好是一、二笔就能够完成，否则会减弱学生听课兴趣和影响教学板图教学应用效果。另外，速绘需要根据具体的设计图法行事,即区划轮廓可选择几何图形法、折线图形法、曲线图形法、模拟形象法等表现图法来迅速勾绘;专题内容可选用象征符号法、形象符号法、圈点线条法、示意图法、动态图法等表现图法来完成。再有,速绘首先需要熟记,特别是有效熟记板图的"区划轮廓"才可能实现速绘。

目前,人们通过熟记达到速绘要求的实现途径就基本只有两个方面:一是进行多练习,即通过反复练习与多次试绘,从而达到熟记教学板图区划轮廓特征和专题内容的要求,以及不断提高教师自己地理教学板图勾绘速度的最终目的;二是巧妙记忆,即通过图形特征法、相关位置控制法、山川控制法和辅助线控制法等方法,熟记掌握地理教学板图区划轮廓特征,从而有效实现对地理教学板图的速绘要求。

(1)图形特征法。地理教学板图的区划轮廓常常呈现多种特殊形态,如有的呈三角形、长方形、六边形等几何图形;有的像鱼、兔、鸡、靴子、钥匙、白菜、菠菜、毡帽等模拟实物形状。图形特征法就是抓住教学板图区划轮廓的特殊形态,即通过对教学板图所呈现的几何图形或是模拟实物形状认识,完成对各种地理教学板图区划轮廓的熟记任务,从而有效实现教学板图的速绘要求。如,记住意大利轮廓图像一只"长靴"后,就不至于把其勾绘得面目全非。

(2)相关位置控制法。相关位置控制法是一种主要针对缺乏特殊形态区划轮廓而采取的熟记达到速绘方法。因为在现实教学板图图形之中有相当一部分缺乏特殊形态,即它们既不像任何一种几何图形,又不能模拟成某一种实物形态;或是所识记的教学板图图形虽有一些特殊形态,但并不足于使人们把握住其轮廓特征及图形比例,所有这类图形就需要通过相关位置控制法来加以熟记,从而有效实现对其的速绘要求。比如,俄罗斯轮廓图(图5-13)的熟记与速绘方法。

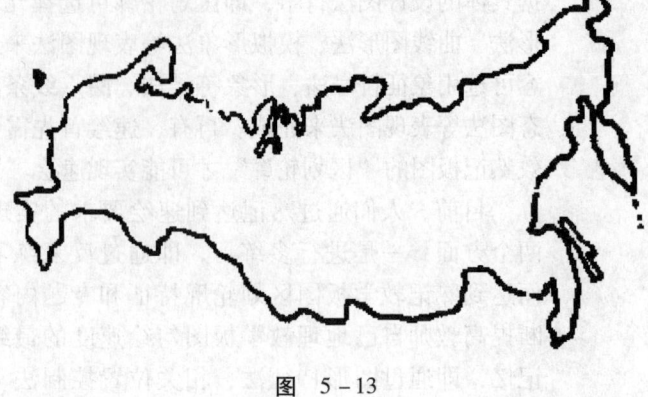

图 5-13

（3）山川控制法。众所周知山川是最显著的地面景物，它能有效显示一个国家或地区的地理大势，同时对地理区域划分和区域地理事物分布都有着重大影响。所谓山川控制法，即是用山（山脉）、川（河流）控制图形，并帮助教师熟记教学板图区划轮廓形状，从而有效实现对教学板图速绘的一种方法。比如，新疆"三山夹两盆"轮廓图（图 5-14）的熟记与速绘方法。

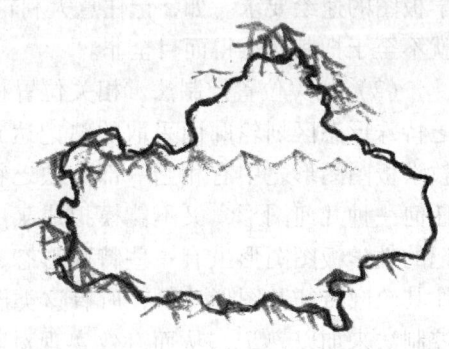

图 5-14

（4）辅助线控制法。辅助线勾绘法即是设计者通过借助简单辅助线，熟记教学板图区划轮廓形状及比例，从而有效提高教学板图勾绘质量和实现教学板图速绘要求的一种方法。比如，非洲大陆轮廓图（图 5-15），可借助两个几何图形来实现对其的熟记与速绘要求。

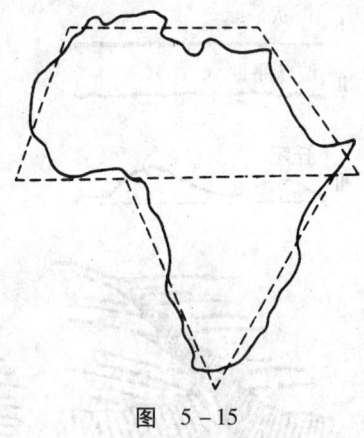

图 5-15

总之，地理教学板图设计既要注意对地理原图本身进行简化处理，更要考虑实际应用过程中边讲边画的迅速勾绘。授课教师在进行多练习基础上，再配合巧妙记忆方法则是实现熟记达到速绘要求的最佳实现途径。

四、地理教学板画设计的基本类型

地理教学板画分类与教学板图有所不同，依据教学板图其具体的反映内容、表现形式和素描方法，地理教学板画可划分为形态画、剖面画、过程画、动态画、透视画等五大类型，并可在此基础上进一步细分为许多种类，且各种类数量巨大。

1. 形态画

形态画是一种反映各种地理事物和地理现象外部形态的地理教学板画，主要又分为地表形态画、植物形态画、动物形态画等种类。

(1) 地表形态画（图 5-16）。

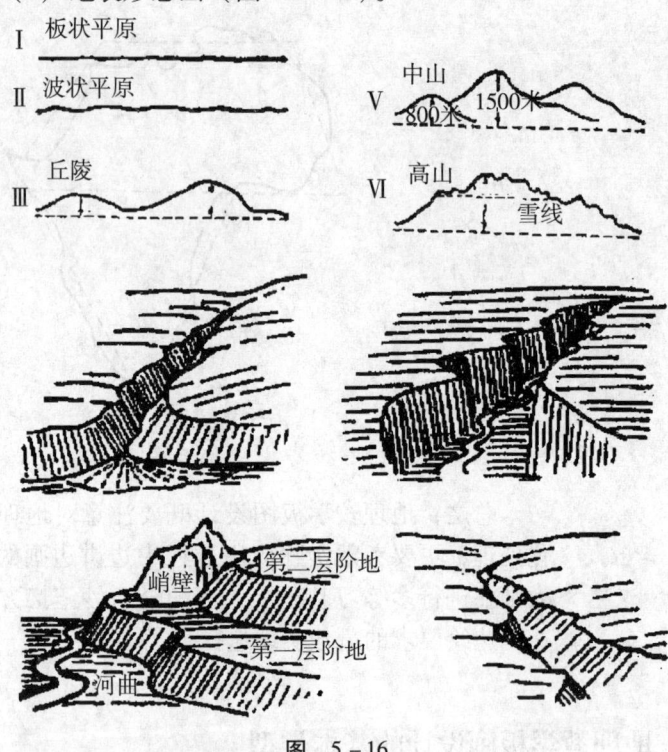

图 5-16

(2) 植物形态画（图 5-17）

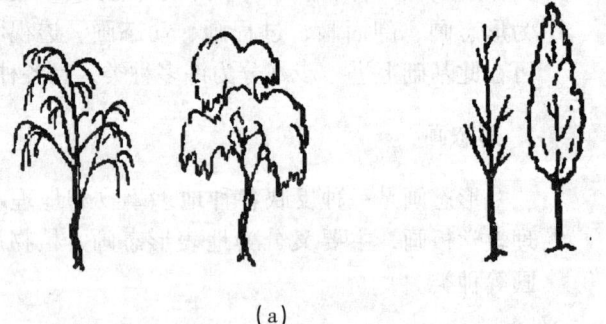

(a)

第 5 章 地理教学板图板画设计

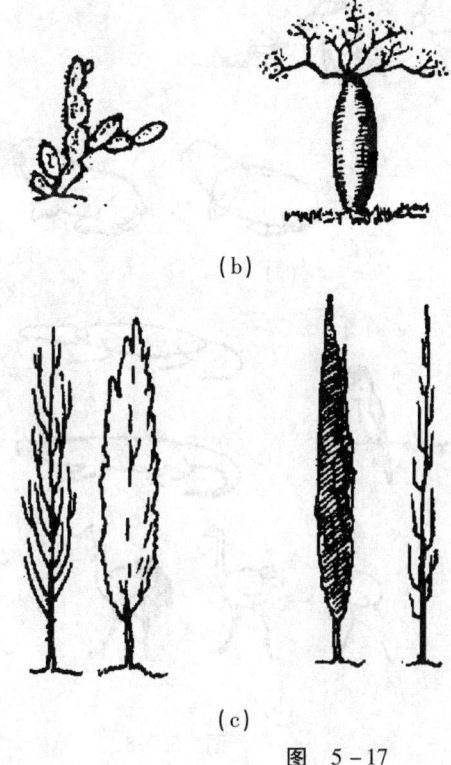

(b)

(c)

图 5-17

(3) 动物形态画（图 5-18）

图 5-18

2. 剖面画

剖面画是一种呈现各种地理事物和地理现象内部结构与变化形态，即剖面结构与基本形态的地理教学板画。依据剖面画本身在表现内容方面的存在差别，地理课堂教学常用剖面画主要有地形剖面画、地层剖面画等种类。如图：

（1）地形剖面画（图 5-19）

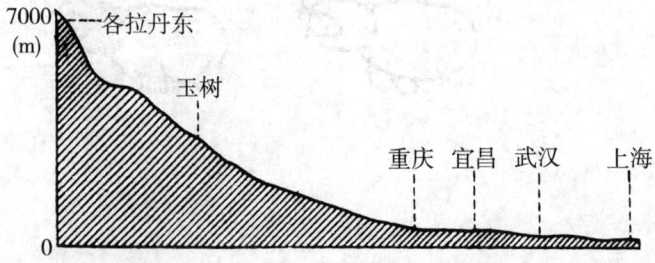

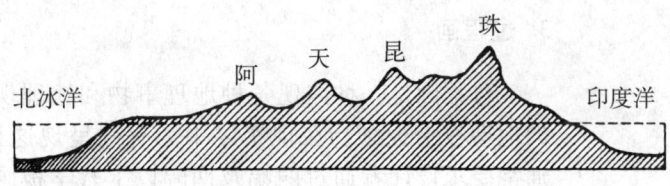

图 5-19

(2) 地层剖面画（图 5-20）

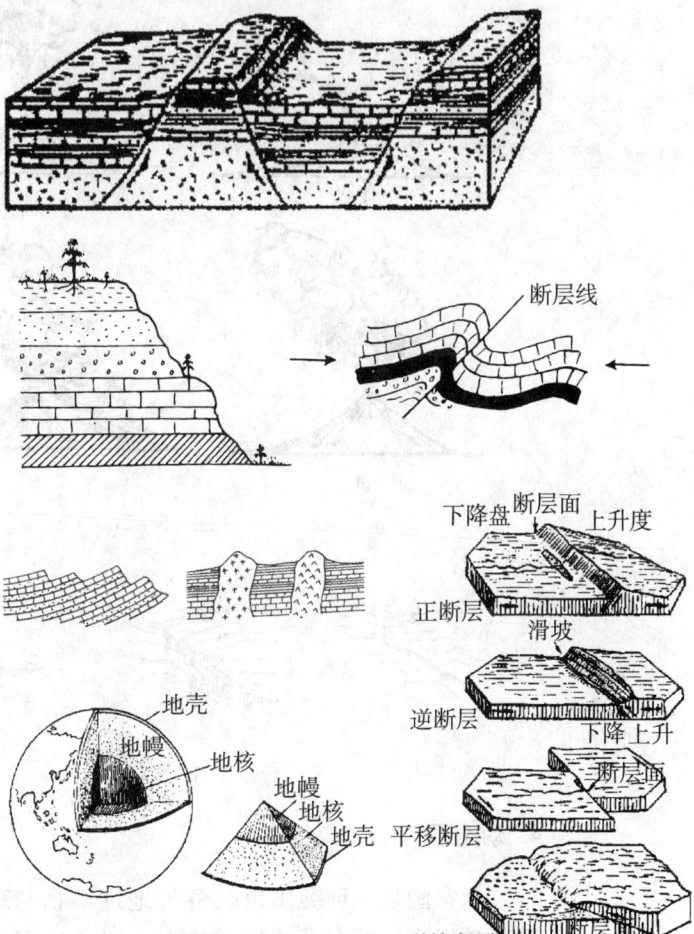

图 5-20

3. 过程画

过程画是一种体现各种地理事物和地理现象发展变化过程的地理教学板画。在现实之中为有效呈现这种发展变化过程，通常要求设计者通过两幅及两幅以上教学板画来组合完成。比如，火山喷发过程（图5-21）、冲沟的发育过程（图5-22）等。

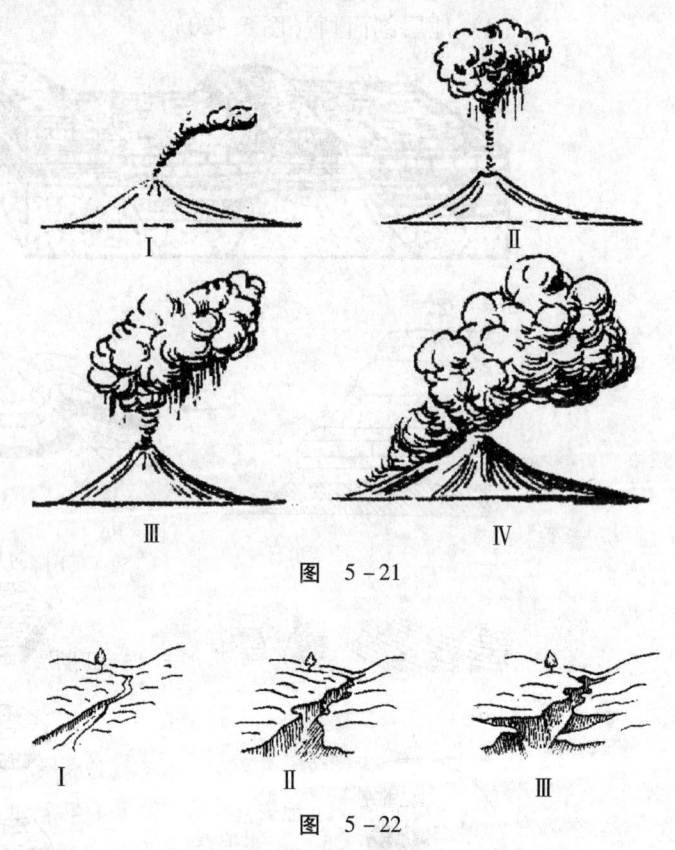

图 5-21

图 5-22

4. 动态画

动态画是一种突出反映各种地理事物和现象运动状态的地理教学板画。动态画的运动状态一般通过箭头"→"表示，其运动量则主要通过箭头多少、粗细或是长短来体现。另外，地理动态画除能够反映地理事物和地理现象运动状态之外，常常还可以有效揭示地理事物和地理现象的因果联系与变化效应，因此动态画又可分为因果画、效应画等种类。如图：

（1）因果画（图5-23）。

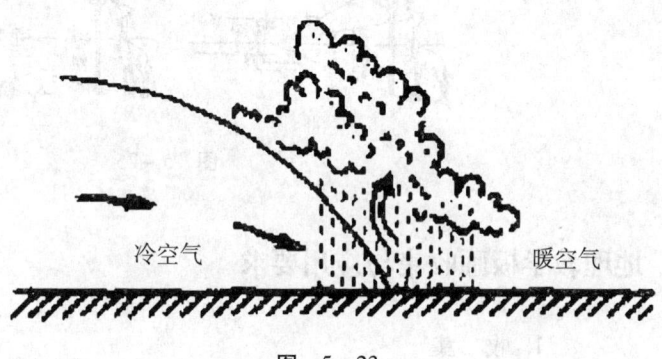

图 5-23

（2）效应画（图5-24）。

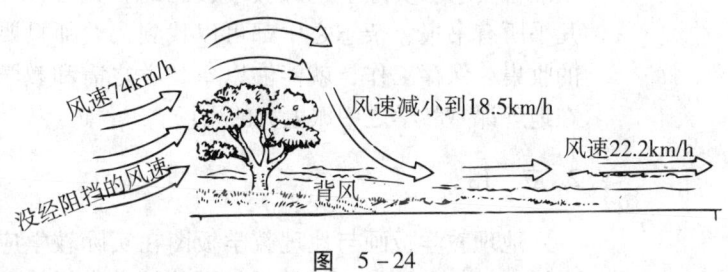

图 5-24

5. 透视画

透视画又称立体画（图5-25），是设计者应用具有独特立体效果的透视原理，并通过透视图法表现出来的一种地理教学板画。透视画表现图法特别强调对地面物体光面、阴面、影面的表现，以及近景、远景的体现，所以能够给予人们强烈的立体感应。如图：

图 5-25

五、地理教学板画收集与应用要求

1. 收　集

地理教学板画收集是一项经常性工作，是专门针对地理教学板画种类多、数量大、来源广、作用大等突出特点提出的一项准备要求。实际上地理教学板画的收集工作并不困难，因为几乎所有书报、杂志之中都可以找到，教师只要注意做好平时的收集、保存工作，就能够以备教学之需和教学之用，就能够在地理课堂教学之中派上大的用场。

2. 应　用

地理教学板画与地理教学板图在实际教学应用要求方面都有许多相似之处，地理教学板画的教学应用特别需要抓好选择（设计）、速绘等两大步骤与环节。

（1）选择与设计。

选择与设计同属于地理教学板画教学应用的第一个步骤及环节。选择主要是针对教师平时所做收集工作而言，由于地理教学板画种类多、数量大、来源广、作用大，即使同一种类教学板画也是各式各样数量巨大，所以要求教师备课时要首先对收集保存的大量教学板画进行认真挑选，通过选择挑选一般就可以直接确定出最能反映地理教学需要，且内容简明、爽目，表现性和说明性比较强的地理教学板画底图。

设计是在选择不到满意教学板画底图的前提条件下，由授课教师依据具体教学内容要求和教学板画设计要求，或是参照有关地理图片资料自行筹划图样，自己动手创造出所需教学板画底图的整个过程。一般情况下，教师平时所收集、保存的教学板画应该能够满足教学需要，但有时也会出现寻找不到符合特殊需要板画底图的情况，这就需要设计者自行筹划图样。地理教学板画设计一定要求符合具体教学需要，所设计的教学板画底图要能够准确反映讲授内容，且各部分比例基本得当即写意性要适当，也就是说不能片面强调写意性而造成教学板画基本形象失真。另外，教师所设计出来的教学板画底图还要求画面简明、爽目，重点突出。

（2）速绘。

速绘是教师依据教学板画底图所进行的具体实施应用过程，即在教师通过选择或是设计确定了教学板画底图之后，实施者利用黑板、粉笔等基本教学手段，在边讲边画之中迅速勾绘出预设的地理教学板画。速绘既是对地理教学板画教学应用本身的一项基本要求，同时又是教学板画与教学板图区别于其他图像媒体应用的独特方面。也就是说，授课教师只有搞好速绘才能充分发挥教学板画重要作用，才能有效引发学生学习注意与心理兴奋，才能极大地激发学生学习兴趣和促进学生思维活动。

为有效提高教师地理教学板画勾绘速度及其表现效果，实施者在速绘过程中还需要注意以下基本要求：一是地理教学板画速绘过程还包含了具体的用图内容要求，即要求授课教师做到边讲边画，及时配合讲授使之成为教师教学语言的补充物；二是要求地理教师教学板画描绘过程不要出现太多复杂线条，一般情况下轮廓线加上阴影线（晕纹）即可；三是为确保地理教学板画轮廓各部分比例得当，初学者可以借助简单辅助线进行描绘（如图 5-26、5-27、5-28）；四是鉴于地理教学板画设计基本特性即创造性图法本身要求，教师可在不断摸索、总结的教学实践基础上，不拘一格地去大胆创新。

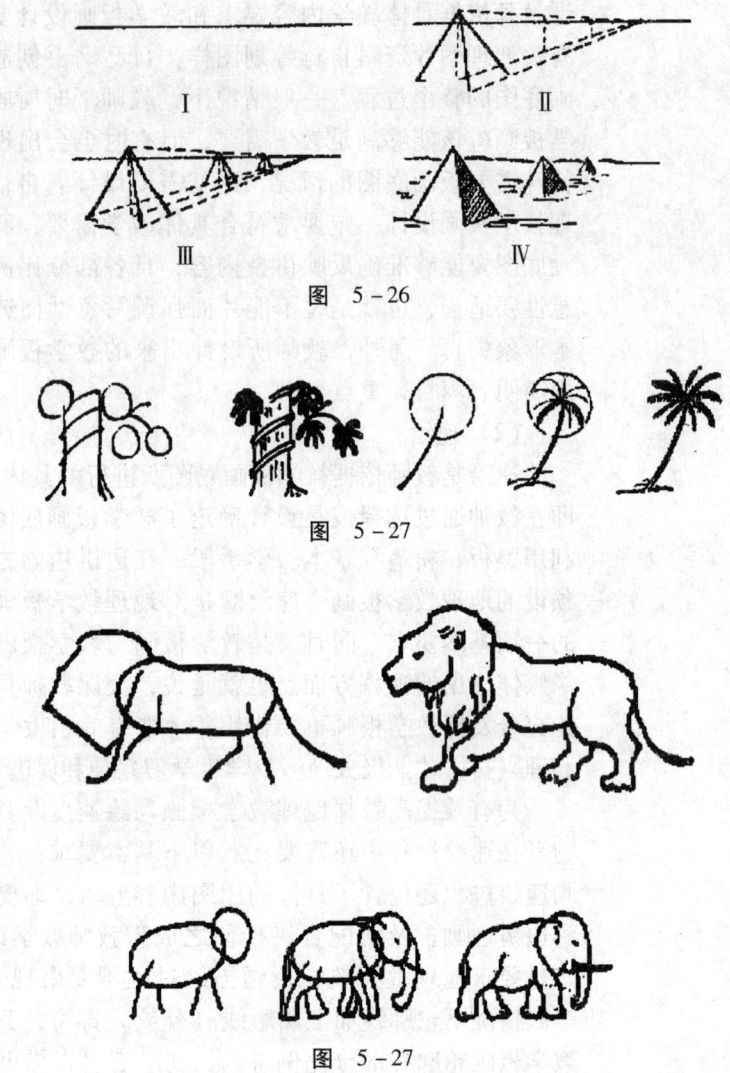

图 5-26

图 5-27

图 5-27

六、设计训练要求

（1）依据地理教学板图设计与速绘要求，应用曲线图形法设计速绘中国轮廓图、中国地理分区图、云南轮廓图、亚洲轮廓图、非洲轮廓图、欧洲轮廓图、北美洲轮廓图、南美洲轮廓图、大洋洲轮廓图、南极洲轮廓图、西亚和北非轮廓图、南亚轮廓图、俄罗斯轮廓图、埃及轮廓图、德国轮廓图、法国轮廓图等教学板图，形成相应教学板图设计与速绘技能技巧。

（2）根据地理教学板画设计基本类型和收集与应用要求，设计速绘地表形态画、植物形态画、动物形态画、地形剖面画、地层剖面画、地理因果画、地理效应画、地理过程画、地理透视画等教学板画，形成相应的地理教学板画设计与速绘技能技巧。

第 6 章

地理课堂教学导入设计

❖ 地理课堂教学导入设计的基本内涵
❖ 地理课堂教学导入设计的基本方式
❖ 地理课堂教学导入设计的基本要求
❖ 设计训练要求

一、地理课堂教学导入设计的基本内涵

1. 地理课堂教学导入与教学导入设计概念

地理课堂教学导入是指授课教师在授课开始，针对地理课时教学目标要求和学生已有知识经验，运用相应教学手段引起学生注意、兴趣、想象，并阐明本课学习目的和建立新旧知识联系，引入新课学习的一种教学行为方式。地理课堂教学导入本身具有多重属性，就基础教育课堂教学结构要求来看，教学导入是地理课堂教学之中一种必不可少的教学环节；就执教者课堂教学所实施行为而言，教学导入又是授课教师经常需要实施的一种教学行为方式。

目前，我国学校教育所采用的授课形式即"班级授课制"，它是由17世纪捷克教育家夸美纽斯（J. A. Comenius）最早提出的。可以说，"班级授课制"既是一种比较古老的授课形式，同时又是古今中外学校教育最基本的授课形式；即使在现代教育教学手段高度现代化的欧美国家，这种授课形式仍然是必不可少的。然而，以"班级授课制"授课形式组织开展地理课堂教学活动，需要有一例好的教学导入相匹配。因为良好的教学导入不仅能够为课堂教学开好头，而且还能够有效调动学生的学习积极性，并为学生后续学习活动开展奠定必要基础。所以，一堂成功的地理课不仅要有异彩纷呈的"展开"、变化自然的"承转"和耐人寻味的"结束"，而且还应该有一例新奇蕴疑的"导入"设计安排。也正因为如此，教学导入与展开、承转、巩固、结束等共同构成了课堂教学必不可少的教学环节。

地理课堂教学导入设计既是一项先于教学导入实践活动的教学预设准备工作，也是授课教师针对教学导入这种包含智力与动作的教学行为方式及其实施策略、设计方法而预先所进行的一种计划性策划。地理课堂教学导入设计实质就是授课教师为了协调教学诸要素相互关系，寻找地理授课最佳突破口所作的一种周密考虑与细致安排。或是说地理课堂教学导入设计目的在于强化教学导入本身功能、规范教师教学导入实施行为，从而有效搞好实际的地理课堂教学导入,其在课堂教学之中的重要作用已经越来越受到众多执教者重视。

2. 地理课堂教学导入设计重要作用

严格地讲,教学导入设计更多作用需要通过实际的教学导入过程来体现,其所能产生的重要作用突出表现在以下方面:一是引起学生学习注意。由于地理课堂教学导入常常需要借助具体直观教学媒体与教学手段来完成,不同教学媒体与教学手段本身就能吸引学生注意,特别在结合了教师新奇蕴疑设计语言之后就更能发挥作用,并能够有效引起学生的定向注意与定向思考。二是唤起学生学习兴趣。由于地理课堂教学导入需要针对学生认知能力基础与学习心理需求进行设计,并需要创设相应教学导入情境和唤起学生求知欲望,因此它不但容易让学生感受地理学习意义与学习趣味,而且还能够让他们产生浓厚的地理学习兴趣。三是开启学生想象思维。地理课堂教学导入之中无论是设计的启发性问题,还是描述地理事物和现象的形象生动语言以及所创设的教学导入情境,都能够有效点燃学生思维火花和开启学生想象思维。四是明确本课学习目标。明确本课学习目标本身就是地理课堂教学导入设计的一项任务要求,当地理授课教师预先将所设计的学习内容、学习要求、学习方式等告知学生,便能够让学生在最短时间内以最快速度进入学习状态,并积极主动地参与所开展的学习活动。五是建立新旧知识联系。通过教学导入帮助学生建立新旧知识联系这本身也是地理课堂教学导入设计的一项基本要求,同时还是教学导入区别于其他课堂教学环节的重要方面。

地理课堂教学导入设计者需特别注意,上述五个方面既是一例完美教学导入所能产生的重要作用,同时也是针对教师完整教学导入设计所提出的系列全面要求。这些重要作用与全面要求有的通过设计本身的"新奇蕴疑"就能够达成,如"引起学生学习注意"、"唤起学生学习兴趣"、"开启学生想象思维"等;但是,也有的还需要教师紧扣课时教学目标要求和学生已有知识经验,去进行另外的设计与安排才能够实现,比如"明确本课学习目标"和"建立新旧知识联系",因此授课教师在自己的设计与应用过程中一定要引起足够重视。

二、地理课堂教学导入设计的基本方式

地理课堂教学导入方式与导入方法可谓多种多样，而且至今仍处在不断地创新与发展之中。但是设计者必须清楚所有教学导入都有着一个共同目的，即都在于通过教师的精心设计与灵活运用，将学生学习注意力迅速而有效地吸引到特定的教学活动中来。我国基础教育学校地理课堂教学之中，常用且常能奏效的教学导入设计方式主要有复习导入、直接导入、设疑导入、联系实际导入、演练导入、情趣导入、审题导入、综合导入等。

1. 复习导入

复习导入又称温故导入，是指授课教师通过复习旧知识顺势将学生带入新知识学习之中的一种教学导入方式。由于复习导入既能够有效复习巩固旧知识，又能够为新知识教学作好相应铺垫，即起到"温故知新"的良好作用，且教学设计与实施应用过程中不受太多条件限制，因此它成为了我国基础教育学校地理教师非常喜爱的一种常用教学导入方式。

设计案例：教师在分析讲授七年级"经线与经度"教学内容时，可考虑设计这样的复习导入："同学们，上节课我们学习认识了纬线与纬度，大家不会忘记什么是纬线、什么是纬度，以及纬线分布特点、纬度变化规律吧！哪位同学能够先来说一说？"在教师通过提问复习了学生上节课所学习的重要知识内容之后，为了明确本课学习目标和引入新课学习授课教师可再作这样设计："大家知道，在地球仪上除了有纬线、纬度之外还有经线与经度，那么什么是经线、什么是经度，它们又是怎样划分的，都有着什么样分布特点与变化规律呢？这些就是我们今天所要学习的新内容，下面就让我们首先来认识一下经线的具体定义吧！"

复习导入设计常用关键词主要有:"什么是"、"是什么"、"有什么"、"说出"、"说一说"、"怎样"等。

2. 直接导入

直接导入是指授课教师在教学之初,"开门见山"不作任何铺垫地介绍新课学习内容、教学目标和学生学习要求,直接带领学生进入新课学习活动的一种教学导入方式。直接导入方式极其重视教学导入的直接性,即要求授课教师以最少时间和最快速度,完成拉近学生与教师、学生与教材的心理距离,使学习学生迅速进入良好的学习状态。这种教学导入方式较多应用于高中班级的教学导入之中,也可用于学习基础较好的初中高年级学生班级。它能够迅速使学生明确学习目的和了解学习任务,从而有效提高地理课堂教学效率。这种教学导入方法设计极其简单而又非常直接,它能够迅速带领学生进入新课学习之中,并能够使学生明确本课教学目标要求。

设计案例:教师在进行八年级"中国的人口"内容教学时,可这样设计自己的直接导入:"同学们,我们今天开始学习认识中国的人口,通过本课学习我们将进一步了解中国人口总数、人口增长趋势和人口国策,以及我国人口分布特点。下面就让我们首先认识占世界人口五分之一的中国人口数量吧!"

直接导入设计常用关键词主要有:"认识"、"学习"、"了解"、"进一步"、"开始"等。

3. 设疑导入

设疑导入是指授课教师在教学导入之中有意布设疑问,设法使学习学生在心理上产生悬念,进而激发他们强烈的释疑解惑求知欲望,并顺势把学习学生带入新知识学习之中的一种教学导入方式。众所周知,疑问是激起学生认知思维活动的有效因素,它好比是注入学生思维活动之中的"激素",它能够使学习者潜在求知欲望迅速转变为积极主动的现实行为,能够有力激活学生思维活动和激发学生学习主动性,并极大地促进学生的智力发展水平。设疑导入的设计关键在于"悬念"创设，即通过教师设疑创设起学生学习悬念，进而有效激起学生求知欲望。授课教师只要能够利用好学生的悬念心理，就容易激起他们的求知欲望，就能够顺利引导学生进入新课学习，并使地理课堂教学活动产生良好效果。

设计案例：教师在进行普通高中"地球自转的地理意义"教学之前，可借助台风影像图设计这样的设疑导入："同学们，这是一幅通过卫星拍摄下来的我国台风云图，大家是否发现侵袭我国东部地区的台风，其气流旋转方向都像这幅图中一样呈逆时针方向旋转！为什么总是呈逆时针方向旋转呢？是台风本身所固有规律的反映还是受什么外部因素影响所致，谁能够来说一说？"当学生们你看看我、我看看你表现出异样目光不知如何回答时，教师便可趁机稳定学生情绪并安慰他们道："大家不要着急，待我们今天学习了地球自转的地理意义之后你们大家就会明白了。"

设疑导入设计的常用关键词主要有："为什么"、"是什么"、"发现"、"说一说"、"究竟"等。

4. 联系实际导入

联系实际导入是指授课教师联系学生身边所熟悉的，最好是亲身体验过的地理事物和地理现象，通过唤起学生共鸣而导入新课学习的一种教学导入方式。大家知道，学生日常生活经常涉及许多地理事物、地理现象，联系实际导入就是将学生所熟悉的，特别是亲身体验过的地理事物和地理现象设计到教学导入之中，通过紧密联系学生的熟悉与体验从而唤起他们共鸣与关注；只要教师能够唤起学生对所学知识的共鸣与关注，就能够顺利引导他们进入新课学习之中。再有，联系实际导入一开始就能让学生参与其中，使师生共同围绕具体课题，并结合身边地理事物、地理现象进行探究，让学生感受地理知识的无处不在与无时不有。

设计案例：教师在进行七年级"海陆变迁"内容教学之前，可设计这样的联系实际导入："同学们，撼动亚欧大陆的汶川大地震给人类带来了巨大灾难，然而灾难降临之后有人却硬要把它说成是上天对人类的一种惩罚，说是那里老百姓因为惹怒了天神而遭到的因果报应。请大家认真想一想，地震究竟是上天对人类的一种惩罚还是地球本身所产生的自然现象？"在学生们否认了上天惩罚这种荒谬说法之后，教师便可再设计追问："地震现象产生的根本原因实际上就是地球物质本身存在的一种特性所致，那么这究竟是一种什么样的特性呢，谁能够来说一说？"为引入新课，教师在学生知道地震产生根本原因之后，即由于地球内部物质运动、变化特性导致了地震现象之后可再设计："地球物质的运动变化特性不仅使地球产生震动，而且还会使地球表面海陆分布出现变迁，那么地球表面海陆又是如何变迁呢？接下来就让我们一起探个究竟吧！"

联系实际导入的设计内容多种多样，但通常人们主要结合广播、电视、报纸所做的时事报道，学生日常生活之中所获得的亲身体验，学生对自然与人文地理现象的种种亲身感受，以及具有教学意义的地理故事、趣闻等展开设计。

联系实际导入设计的常用关键词主要有："看出"、"说出"、"说一说"、"为什么"、"是什么"等。

5. 演练导入

演练导入是指授课教师在新课教学之前，有选择地展示地理教学挂图、教学图片，演示地理仪器、地理模型等实物，或是勾绘地理教学板图、教学板画等图像，通过教师完成具有启发性的直观展示、演示、勾绘，或是直接邀请学生共同参与完成相关练习活动，从而顺利导入新课学习的一种教学导入方式。演练导入不仅注重教师启发演示，而且强调师生共同参与。此外，直观形象的演练实物与地理图像还能有效集中学生学习注意力，有效激发学生学习兴趣。再有，教学导入之中所提供的大量感性材料也能够有效帮助学生理解掌握新知识。

设计案例：教师进行七年级"地球的运动"内容教学之前，可结合"三球仪"教具或是地球自转、公转运动视频来设计这样的演练导入："同学们，请大家注意观察老师接下来所进行的地球运动演示，看谁能够说出地球自身都有那些不同的运动形式？"；在教师完成演练，学生正确回答问题基础上，教师便可进一步提出本课学习内容，并顺利引入新课学习："对，地球运动包含自转、公转两种基本运动形式！那么什么是地球的自转运动和公转运动呢？自转、公转运动都会产生哪些地理现象？这些就是我们今天将要学习的新内容！"

演练导入设计的常用关键词主要有："观察"、"看出"、"说出"、"什么是"、"哪些"等。

6. 情趣导入

情趣导入也称妙语导入，或引经据典导入，是指授课教师针对具体教学内容和学生学习心理，结合有关故事、趣闻、诗词、俗语、典故，或是谜语、音乐等资料，设计富有吸引力的情趣语言，并以此为契机导入新课学习的一种教学导入方式。情趣导入设计除了要求教师语言表达形象生动之外，关键还在于对资料内容本身的情趣性挖掘，因为情趣性大小决定着教学导入的作用大小，也决定着实施这种教学导入方式的成功与失败。

设计案例：教师进行七年级"地球自转"内容教学时，可引用毛泽东《七律·送瘟神》诗句设计这样的情趣导入："同学们，我下面给大家朗诵一段毛主席的精彩诗句，看谁能够说清楚诗句的基本含意：'坐地日行八万里，巡天遥看一千河，……'"为有效形成学生对地球"自转"运动的深刻认识，教师可在学生说出诗句基本含意之后有意追问："人坐在地上就能够日行八万里，你认为这有可能吗？"、"这究竟是什么地理现象所导致的，哪位同学能够说明一下？"等。形象生动又富情趣的导入诗句不仅能够感染学生，而且还有效揭示了地球本身的自转运动和赤道周长，在此情此景感染下学生便可很顺利地进入新课学习。

情趣导入设计的常用关键词主要有："听说过吗"、"故事"、"朗诵"、"说清楚"、"认为"、"究竟"等。

7. 审题导入

审题导入是指授课教师直接板书课题、解释题意，并顺势引导学生导入新课学习的一种教学导入方式。审题导入可有效利用基础教育学校地理教材之中许多具有可利用性的章节标题进行设计，因为这些标题本身就具有较强的概括性、结论性，能够有效突出教师讲授的地理知识范围或是内容特征，也能够产生很好的教学导入效果。由于这种教学导入方式也比较直接，因此有人把其看做是直接导入方式之中的一种具体形式。

设计案例：进行"西亚和北非"内容教学，教师可设计这样的审题导入："同学们，我们今天将学习认识世界地理新的一个分区——'西亚和北非'！"教师完成课题板书后，为引入新课可紧扣板书题意设计："顾名思义，这个分区由地处不同大洲的两个部分，即由具体的'西亚'和'北非'构成，接下来就让我们首先认识地处亚洲部分的'西亚'情况吧！"

审题导入设计的常用关键词主要有："学习"、"认识"、"让我们"、"顾名思义"、"就是"等。

8. 综合导入

综合导入即导入设计融合了多种导入基本方式，通过综合发挥多种导入方式积极作用，从而把学生顺利带入新课学习的一种教学导入方式。在地理课堂教学导入设计具体实践中，教师可选择一种基本方式设计自己的教学导入，也可设计融合了两种及两种以上基本方式的综合导入。综合导入效果发挥关键在于对所选各种方式的组合搭配，设计者只要能够实现教学目标前提下各种导入方式的彼此协调融合，就一定能够产生良好的课堂教学导入效果。

设计案例：教师进行"西亚和北非"内容教学，可设计这样的审题导入与演练导入相结合的综合导入："同学们，我们今天将学习认识世界地理新的一个分区——'西亚和北非'！"教师在完成课题板书后，利用教学板图紧扣题意设计："顾名思义，这个分区由地处不同大洲的两个部分，即'西亚'（顺势速绘出西亚板图）和'北非'（又顺势勾绘出北非板图）构成，接下来就让我们首先来认识地处亚洲部分的'西亚'情况吧！"

又如：融合了审题导入与演练导入、设疑导入的综合导入："同学们，我们今天将学习认识世界地理新的一个分区——'西亚和北非'！"在教师完成课题板书后，可利用教学板图紧扣题意表达："顾名思义，这个分区由地处不同大洲的两个部分，即'西亚'（顺势速绘出西亚板图）和'北非'（又顺势勾绘出北非板图）构成！"为通过疑问进一步激起学生求知欲望，教师可设计这样的追问："大家是否想过，科学家为什么非要把地处亚洲的西亚部分和地处非洲的北非部分合为一个分区呢？它们之间到底有何联系，其区域特征又怎样？接下来就让我们探个究竟吧！"

综合导入设计的常用关键词主要有："为什么"、"究竟"、"联系"、"学习"、"认识"等。

三、地理课堂教学导入设计的基本要求

地理课堂教学导入的有效与无效，取决于教师对导入方式、导入方法的选择与设计。这种选择与设计归根到底又受制于课时教学目标要求、学科特点与具体授课内容、教师本身特长、学生身心特征与已有知识经验、教学设备条件等诸多条件因素限制。为此，授课教师在选择教学导入方式和设计教学导入方法时需要突出以下基本要求：

1. 突出课时教学目标要求

课时教学目标既是教学活动设计的出发点与最终归宿，又是衡量一堂地理课堂教学成功与失败的首要标准。为此，作为地理课堂教学"开场白"的教学导入，也必须以课时教学目标

为指针，并充分遵循、体现其基本规定与实施要求。另外，设计者还必须清楚任何一例足以激发学生学习兴趣、学习动机和调动学生学习热情的完美教学导入，其最终目的仍然是服务于本课时的教学目标，因此教师不要追求那种脱离教学目标要求的表面形式与表面效果。再有，课时教学目标作为一堂课的纲领性、方向性目标，不仅需要教师自己认真弄清楚，而且还要设法通过课堂教学导入让学生也明白。也就是说，如果教师能够在教学导入之初就让学生清楚教师期望他们做什么，去达到什么目标，那么学生就会更加积极主动地去配合教师，去把他们自己的学习搞得更好，否则他们只能被动地从教师最后的评价中猜测、推断出学习目标。

2. 符合教学内容科学性要求

教学内容的科学性要求，是对整个教学过程所实施内容的一种规范，包括对导入、展开、承转、巩固、结束等课堂教学环节或是教师教学行为方式的基本要求。所谓教学导入的科学性，首先指授课教师教学导入过程中所表述的概念与论据，所阐述的原理与事例的准确无误和严谨科学；同时，还要求教学导入活动本身要条理结构清楚明白，思路线索符合逻辑，教学导入方式与教学导入方法设计恰当合理等。因此，要求授课教师必须在精心设计与缜密考虑教学导入新奇蕴疑、灵活多样或是新颖别致的同时，更多关注地理教学导入设计内容本身的科学性，切忌不要因为教学导入语言只有短短几分钟就敷衍了事。

3. 体现新课程教学理念要求

我国新一轮基础教育改革提出了许多全新的教学理念，因此要求授课教师在教学导入设计及课堂教学导入实施之中充分体现出来。如，针对新课程倡导的"主动·探究·合作"学习方式，一是要求地理教师教学导入设计要注意激发学生学习兴趣，要尽可能在第一时间将学生学习兴趣开发出来，让他们以最佳心态投入地理学习活动。二是要求设计者要有效开启学生想象思维，即通过教学导入所应用的设疑、启发、讨论等方法有效激起学生思维涟漪，让他们通过自己思维活动和合作交流学习活动，有效整合与迁移所建构的地理新知识。

4. 考虑学生的认知心理需求

教学实践经验表明，教学导入设计需要考虑学生因年龄不同而形成的各种认知能力差异与学习心理需求，需要针对学生能力结构、已有知识经验和兴趣爱好等精心筹划。如，针对义务教育学校学生，教师应多结合故事、诗歌、趣闻、游戏等情趣性内容进行设计；而面对普通高中学校学习学生，则应多设计一些有难度的疑问、讨论、任务等内容问题。总之，要求教师要树立"以学生为中心"的崇高教育思想，注意多从学生实际需要和需求特点出发是实现教学导入成功的必要条件；遵循教学导入规律和重视导入设计创新，使其新奇蕴疑而又灵活多样、新颖别致则是实现地理课堂教学导入成功的关键所在。

5. 遵循导入本身内在性要求

教学导入设计本身有别于其他的教学环节与教学行为方式设计，为此设计者需要特别注重其联结性与简洁性的设计要求。由于教学导入其中一项重要作用在于"承前启后"，即帮助学生迅速建立起新旧知识间联系；因此增强教学导入设计的联结性，仔细找准新旧知识之间的联结点，本质上就是在选择授课的最佳突破口，授课教师一定要清楚正是通过教学导入才能使新旧知识穿点成线。再有，由于教学导入另一项重要作用在于知识承转，因此地理课堂教学导入设计一定要注意"简洁"，教学导入时间一般应控制在 5 分钟之内，设计者要以最少时间和最快速度完成拉近学生与教师、学生与教材的心理距离，要设法使学习学生尽快进入地理学习状态，而不能让他们长时间游离于新知识教学之外。

总之，一堂优质地理课需要授课教师工于开始，使其具有一种诱人的强大力量，而一例成功的教学导入则源于教师精心设计、灵活创新和不懈努力。授课教师一定要明白，一例成功的教学导入能够赋予地理课堂教学良好效果，但是产生良好教学效果的教学导入并非教师凭灵机一动就能信手拈来，因为它需要教师深刻理解教学过程本质属性和课时教学目标要求，并树立"以学生为中心"的教育服务思想和设计思想；因为它需要教师拥有良好的教学导入设计技能，并通过长期不懈地抓好平时设计训练，通过不断提高自身的教学导入水平来获得。

四、设计训练要求

根据地理课堂教学导入设计基本要求和普通高中与义务教育地理教材内容，结合地理课时教学目标要求和地理课堂教学导入设计基本方式，开展各种基本方式的教学导入方法设计与训练活动，形成学生相应的地理课堂教学导入技能技巧。

第 7 章

地理课堂教学提问设计

- ❖ 地理课堂教学提问设计的基本内涵
- ❖ 地理课堂教学提问设计的基本方式
- ❖ 地理课堂教学提问设计的基本要求
- ❖ 设计训练要求

一、地理课堂教学提问设计的基本内涵

1. 地理课堂教学提问与教学提问设计概念

地理课堂教学提问是指课堂教学中教师依据教学内容要求，结合学生认知心理特点和已有知识经验提出问题，通过师生互动来深化学生认识和有效建构知识教学行为的一种方式。地理课堂教学提问是教师引导学生积极参与学习活动，并有效促进学生地理认知过程发展的一种最基本方法，因为它几乎可以用于任何一种地理课型和任意一类课堂教学环节之中，它贯穿于整个地理课堂教学过程，成为维系师生之间思维活动与情感交流的重要纽带。

地理课堂教学提问设计则是一种先于教学提问实践活动的预设策划，是授课教师为提高自己地理课堂教学提问水平，针对课堂教学提问这种包含智力与动作的教学行为方式，及其实施策略和设计方法本身而进行的一种周密考虑与细致安排。众所周知，基础教育学校学生的学习活动常常就是从问题开始的，即通过教学提问激活学生思维活动，展开师生之间互动交流，最后完成整个学生认知过程，因此地理课堂教学提问设计是教师增强课堂教学效果，顺利达成课堂教学预设目标要求不可欠缺的策划准备，教师教学提问设计及其教学提问水平直接影响整个地理课堂教学效果。

2. 地理课堂教学提问设计重要作用

设计者实施教学提问设计的根本目的，在于通过强化教学提问功能和规范教师实施行为来进一步提高教学提问应用水平，因此地理课堂教学提问设计更多作用需要通过实际的教学提问实施过程来体现，所能够产生的重要作用具体表现在以下四个方面：

一是引发学生学习注意与兴趣。精心设计的地理课堂教学提问会因本身所蕴涵的疑问、趣味而引发学生注意，并使他们产生强烈求知欲和浓厚学习兴趣。二是有效激发学生学习思维

活动。由于设计者精心创设的教学提问情境极易使学生产生"愤悱心理",并能够有效激发他们积极的思维活动,从而极大地化解学生认知矛盾与认知难点。三是有效增进师生互动与交流。因为课堂教学提问本身就是实现师生互动交流的有效方式,一个恰到好处的地理课堂教学提问设计能够紧密联系师生间认识与感情,增进课堂知识信息与情感意向的交流。四是及时反馈学生学习信息情况。在师生双向信息交流的地理课堂教学提问过程中,教师根据学生作答情况可及时了解他们的知识掌握程度与问题存在原因,并可及时调整授课教师自己后继的教学实践活动。

二、地理课堂教学提问设计的基本方式

目前,人们对地理课堂教学提问进行分类及其分类方式、分类方法可谓多种多样,其中,既有根据教学提问所涉及的学生认知难度进行分类的,也有结合教学提问所达成的目标水平实施分类的,还有依据教学提问问题的内部结构进行分类的。总之,由于研究者所依据的分类标准或是分类原则不同,其分类结果也就完全不一样;地理课堂教学提问设计常用的基本方式主要有回忆提问、观察提问、比较提问、分析提问、想象提问、综合提问、应用提问、评价提问等。

1. 回忆提问

回忆提问是一种通过回忆来检查学生已学知识,从而有效巩固学生已有知识经验和培养学生记忆能力的课堂教学提问方式。回忆提问主要目的在于检查和巩固学生已经学习过的地理知识,它所涉及的学生心理过程仅仅是"回忆",属于认知层次比较低和结构比较单一的教学提问类型。这种教学提问方式较多应用于温故式"导入"和检查性"结束"等教学环节之中,当然在教师联系学生已有知识经验的课堂教学展开环节之中也可适当使用。

设计案例:教师在进行八年级"中国的气候"第三课"多

特殊天气、多旱涝灾害"新内容教学之前，可以针对前面已经学过的气候特征、温度带和干湿地区设计这样的回忆提问："同学们，大家还记得我国气候的主要特征是什么吗？哪位同学能够来说一说！""有谁又能够说出我国都有哪些温度带和干湿地区，它们对我国生产、生活会产生哪些影响呢？"

又如：为让学生通过明确大洋概念而学好"四大洋"新内容，教师可这样设计自己的回忆提问："同学们，你们还记得什么叫海洋吗？有谁能够起来说一说！"之后教师可进一步提问学生："什么是大洋，洋与海究竟有何区别与联系？"在学生弄清楚一系列基本概念后，教师可直接提问学生："地球表面都有哪些大洋？它们又是如何分布的？"

回忆提问设计的常用关键词主要有："什么是"、"说出"、"是什么"、"是多少"、"在哪里"、"怎么样"、"填出"等。

2. 观察提问

观察提问是一种用引导学生观察地图、图片、模型等直观图像材料，或是让他们到实地直接观察真实的地理事物现象中存在的地理事实，从而有效培养学生观察能力的教学提问方式。由于观察提问方式所要求学生观察的地理事实一般都比较具体，即问题答案往往都比较明确，甚至具有唯一性，因此教师一定要注意精心设计自己的引导用语，避免因模糊不清而影响学生的正确观察与正确回答。针对比较复杂的地理观察提问问题，设计者有必要将其分解为若干步骤及若干小提问，这样学生就容易由浅入深地顺利获得正确的感性认识。

设计案例：教师在引导学生认识我国"冬季气温分布特点"时，可这样设计自己的观察提问："同学们，请大家用红笔在《中国一月平均气温图》中描绘出0℃等温线，然后再看一看这条等温线大致经过我国的哪些地区？"之后教师便可设计更具体的观察问题："0℃等温线以北、以南的我国北方地区和南方地区冬季气温都有哪些变化？""以南的南方地区最高温度等温线是哪条，都经过我国的哪些具体地带？""以北的北方地区最低温度等温线又是哪条,都穿过我国哪些具体地区?""请大家计算一下,我国冬季南北最大温差大致是多少?我国冬季从南部到北部的气温变化都有哪些规律可循?"

观察提问设计的常用关键词主要有:"哪些"、"是多少"、"怎样"、"说出"、"找出"、"看出"、"发现"、"指出"、"特点"、"规律"等。

3. 比较提问

比较提问是一种将相关地理要素进行对比分析,并让学生自己把相关知识串联起来形成完整认识,从而培养学生比较能力的课堂教学提问方式。众所周知,地理事物和地理现象之间存在着广泛联系与差别,通过比较提问方式的对比分析能够使学生充分认识地理本质属性,所以比较提问也成了一种教会学生学好地理的重要方法。

设计案例:授课教师在进行七年级"天气与气候"新内容教学时,为让学生深刻认识天气与气候基本概念可设计这样的比较提问:"同学们,请大家比较一下天气与气候在时间、范围、稳定性等方面存在的异同,并分析说出它们之间究竟有何区别与联系?"

比较提问设计的常用关键词主要有:"比较"、"哪些"、"却是"、"为什么"、"异同"、"区别与联系"等。

4. 分析提问

分析提问是一种将复杂地理事物和地理现象设计成环环相扣的教学问题,并引导学生找出其内在联系和本质属性的课堂教学提问方式。分析提问方式主要目的在于通过探析具体地理事实,教会学生地理学习方法和提高学生地理分析能力,因此这种提问成为了基础教育学校地理课堂教学之中,授课教师常用的培养学生学习能力的教学提问。

设计案例:授课教师在进行云南"乡土地理"教学过程中,

为引导学生分析云南洪涝灾害分布规律及其形成原因而特别设计这样的提问："同学们，请仔细阅读《云南省洪涝灾害分布图》，说出云南最多洪涝区、多洪涝区、一般洪涝区、少洪涝区的具体分布地区！"在学生了解云南洪涝灾害的地区分布基础上，教师可提出下一个提问："同学们，从图中能够分析总结出云南洪涝灾害的地区分布规律，哪位同学能够先来试一试？"为深化学生对云南洪涝灾害形成原因认识，教师可进一步设计这样的教学提问："按理说年降水越多的地区发生洪涝灾害可能性就越大，但为什么云南洪涝灾害地区分布却与年降水量分布趋势呈相反状态，即年降水量最大的滇南地区反而是少洪涝区，年降水量较少的滇东北地区却是云南洪涝灾害最严重的最多洪涝区呢？"

分析提问设计的常用关键词主要有："说出"、"总结"、"有哪些"、"为什么"、"怎样"、"什么因素"、"分析"、"证明"等。

5. 想象提问

想象提问是一种用于启发学生联想思维与学习兴趣，引导学生由此及彼地多角度理解地理事物和地理现象本质属性，从而培养学生想象能力的课堂教学提问方式。想象提问方式所联想或是假想的地理事物和地理现象要求必须是同一类型，所设计的教学提问问题也要有助于学生深化地理内在规律认识，或是能够有效揭示地理事物和地理现象的本质属性。

设计案例：教师在进行普通高中"地球公转的地理意义"内容教学时，为引导学生充分认识"昼夜长短的变化"形成原因而特意设计这样的想象提问："同学们，接下来老师这个提问有点难度，看哪位同学能够回答：假如黄赤交角是90°或是0°，地球表面昼夜长短变化规律将又会怎样？为什么？"为深化学生认识，教师可进一步提问："太阳直射点的回归运动又将有什么样变化？为什么？"

想象提问设计的常用关键词主要有："假如"、"如果"、"要使"、"还会"、"是怎样"、"有什么"等。

6. 综合提问

综合提问是一种在教学分析基础之上，将系列分析结果有效串联起来形成完整认识，从而帮助学生把握事物内在联系、内在特征、内在规律，培养学生综合思维能力的课堂教学提问方式。地理综合提问方式需要学生对分析结果进行对比、分析、总结、归纳等一系列加工处理，通过综合思维过程从而让学生获得全新的、完整的地理结论或是地理观点。

设计案例：在完成了义务教育"南极地区"地理教学新内容之后，玉溪市新平一中某教师为培养学生综合思维能力而特意设计了这样的综合提问："同学们，接下来请大家应用'高、低、多、少'四个关键字，尝试概括出南极地区的自然环境特征好吗？谁能够先来试一试？"在授课教师循循善诱和启发鼓励下，在学生们相互补充和彼此辩驳后，学生最后出色地完成了对南极地区"自然环境特征"的总结归纳任务。

综合提问设计的常用关键词主要有："应用"、"为什么"、"总结"、"概括"、"归纳"等。

7. 应用提问

应用提问是一种教师提供问题情境，要求学生应用已有知识经验分析、推理、判断正确结论，从而深化学生思想认识和培养学生分析问题、解决问题能力的课堂教学提问方式。教师实施应用提问设计要求具有一定深度，并尽可能把分析、推理、判断等思维过程引入问题之中，从而有效避免学生作答仅仅停留在"是不是"、"对不对"、"有没有"等低层面之上。

设计案例：教师在普通高中"大气圈与天气、气候"内容教学中，可设计这样的应用提问："同学们，张老师今年暑假在长春参加全国学术会议之后，在长春龙嘉国际机场乘飞机返回昆明时机场天空一片细雨蒙蒙，但不知为什么飞机起飞进入高空后就突然变得晴空万里、阳光普照呢，有谁能够给大家解释一下？"

应用提问设计的常用关键词主要有："应用"、"举例说明"、"是什么"、"哪一种"、"为什么"、"怎么样"等。

8. 评价提问

评价提问是一种要求学生应用所学地理知识，分析判断地理问题或是地理事实材料价值，并依据自己价值判断结论提出个人观点与看法，从而有效培养学生评价能力的课堂教学提问方式。地理课堂教学评价提问设计得当能够有效深化学生认识，提高学生思维能力和价值判断水平，因此为深化评价提问和避免学生片面作答等现实问题出现，教师常常还需要通过"为什么？""还有其他原因吗？""其他同学还有没有不同看法？"等追问形式来提高评价提问质量。

设计案例：在普通高中地理"水圈和水循环"内容教学之后，教师可及时结合云南当地情况提问学生："同学们，你们对云南各地兴修水库截留地表水的行为都有什么看法，为什么？"之后授课教师可进一步设计这样的提问："请大家想一想，我们应如何减少或是避免兴修水库所带来的负面影响？"为了解其他学生的不同观点，教师还可以如此设计提问："其他同学还有没有不同看法？"

评价提问设计的常用关键词主要有："评价"、"证明"、"你认为"、"你对……有什么看法"、"假如你是……你怎么认为"等。

三、地理课堂教学提问设计的基本要求

教学提问既是授课教师经常实施的一种教学行为，同时也是教学实施者不可欠缺的一项教学基本技能，因此它成为了广

大教师广泛研究的一门艺术。完整的地理课堂教学提问设计及其教学提问过程应有设计问题、引入问题、陈述问题、倾听回答、总结开拓等基本环节，且各基本环节应该是环环相扣、紧密联系不可偏废的。为此，教师进行地理课堂教学提问设计时必须注意以下基本要求：

1. 根据教学需要，精心设计提问

由于地理课堂教学提问设计的客观依据是教学需要，即由体现受教育者发展需要、发展目标和认知能力要求的课时教学目标所决定的教学需要，因此精心设计教学提问的前提就是确保教学提问问题有效性，即要求设计者根据教学需要使每一个教学提问问题都能够问有所值，能够落在学生认知过程的"最近发展区内"，从而使学生通过教学提问更好地完成课堂教学一系列任务，实现预定的课时教学目标要求。为确保教师教学提问符合教学需要而实现其有效性，要求设计者依据课时教学目标在"重要处"设置教学提问问题，即要求教师抓住教学重点和教学难点设计教学提问，以及在学生理解教材的关键处、认知矛盾的焦点处、蕴涵疑问的不解处设置教学提出问题。

此外，精心设计教学提问还要求设计者能够明确得当地表达提问主题。所谓明确首先就是要求教师教学提问不能产生任何知识性与概念性错误，其次就是要求教师直截了当、清楚明白地表达教学提问问题；地理课堂教学实践表明教师教学提问问题越明确学生作答也就越准确，如果教师教学提问问题含混不清学生则很难作答，甚至会出现答非所问让人啼笑皆非的种种笑话。所谓得当，即要求教师教学提问设置的知识跨度要适当，所涉及的问题范围也要适中；教师设计教学提问问题既要避免使用"是不是"、"好不好"、"能不能"、"对不对"等缺乏思考性用语，也要防止向普通高中学生直接提出"大气运动的原因是什么？"向义务教育学生直接提问"降水是如何形成的？"等笼统抽象和跨度范围太大的问题。

2. 抓住学生心理，创设问题情景

学生心理即学生学习心理，是指学生对学习内容、学习方

式和学习环境，以及其他客观物质世界的主观反应，按其性质可划分为认识过程、情感过程和意志过程等三个方面。不同年龄阶段学生其学习心理差别是很大的，可以说教师问题情境创设成败的关键就在于能否抓住学生心理。众所周知，创设伴随教学提问的问题情境能够有效增强提问效果，促进学生地理认知过程发展和提高学生认知活动水平，能够有力地激活学生思维活动，诱发他们强烈的学习欲望和积极的探究行为。所以，要求设计者要善于抓住学生认知心理特点，设计有矛盾、有新意和有趣味的地理问题，并通过口头语言、身体语言、或是其他直观形象媒体配合，努力营造出一种与教学提问主题相关的学习情境，从而使地理课堂教学提问产生良好效果。

所谓有矛盾的地理问题，就是设计一种与学生原有认识相悖，且能打破学生原有心理平衡和引发学习者恢复心理平衡欲望的地理问题。如，为深化学生对气候形成原因认识，教师可这样设计教学提问："同学们，按理说越接近海洋的地区就越湿润，但为什么澳大利亚大陆西部海岸却会是一片茫茫沙漠呢？"所谓有新意的地理问题，即是设计一种教学提问内容或是教学提问形式非常独到，能够引发学生好奇心理与探究行为的地理问题。如，为检查学生对气候形成原因认识深度，教师可设计这样的教学提问："同学们，假如青藏高原是青藏平原，我国西北地区的气候将会怎样？"所谓有趣味的地理问题，就是指问题本身蕴涵极大趣味性，能够使学生对学习内容产生浓厚兴趣，引导他们顺利进入学习场景的地理问题。如，学生在认识"地球的运动"之前，教师可有意设计这样的教学提问："同学们，你们知道毛泽东'坐地日行八万里，巡天遥看一千河'诗句含义吗，有谁能够给大家说一说？"为加深学生对地球自转及赤道周长认识教师还可追问："你们认为这些会是真的吗，为什么？"

3. 依据认知特点，直观呈现问题

认知是指人类认识外界事物的具体过程，即对作用与人感觉器官的外界事物进行信息加工的过程。学习认知则是指学生认识知识、获取知识、应用知识的具体过程，或是对知识信息进行加工的整个过程。首先，学生学习认知因学习者年龄差异

而存在不同；此外，学习认知还有别于人类其他大量的实践性认知，因为学生认知对象是以间接抽象的书本知识为主，其认知过程又是一个旧知识不断同化新知识过程，况且新知识建构过程还需要以学生大量已有知识经验为基础。因此，授课教师教学提问问题设计过难，会使学生因缺乏足够的已有知识经验奠基而使思维终止；如果教学提问问题设计过易，又会使学生因不动脑筋回答而使思维停滞。总之，学生既是学习的主体又是课堂教学提问的对象，教学提问设计需要依据学生认知特点进行，因为学生认知特点直接影响课堂教学提问效果。

由于学生学习认知是人类一种特殊的认识过程，因此教学提问问题的呈现还需借助直观形象媒体与手段来进行。授课教师注意应用直观形象媒体与手段呈现地理问题，能够使学生获得形象、生动、直观的地理表象，并为他们进一步识记、理解、分析、应用地理问题打下坚实基础。同时，直观形象的地图、图片以及模型等图像媒体与手段，又能有效化解因间接抽象书本知识所带来的认识难度，并为学生有效开启想象思维提供前提保障；特别是对以形象思维为主，抽象思维有所发展的义务教育学生学习来说其意义就更加重大。

4. 捕捉发问时机，巧妙提出问题

尽管教学提问主动权始终都掌握在教师手中，教师地理课堂教学过程中随时都可以向学生发问，但只有在学生"心求通而未得之意，口欲言而未能之貌"时，即产生了"愤悱心理"后发问效果最好。所以，要求地理教师一定要善于捕捉发问时机，并善于巧妙引发地理课堂教学发问时机，因为有机不发或是无机而发都会有损教学提问价值。此外，巧妙发问还要求教师正确处理好面向全体学生与选择好作答对象之间的关系。即教师教学提问应针对全体学生，要求先面向全体学生发问然后再让个别学生作答，切忌先选择作答对象再提出提问问题；在选择作答对象时要求教师最好不要按学生座次、学号选择，也要避免专挑成绩好的学生回答问题，或是专叫成绩差的学生作答等习惯。正确发问方法应是先叫中等水平学生回答，再让优等学生补充或解难，如遇简单问题也可让差生来试一试。

为有效提高地理课堂教学提问效果，教师还应注意留给即兴作答学生适当思考时间。也就是说，教师在完成发问之后应留出适当时间让学生思考，在学生作答之后也要留出适当时间等待他们补充。据国外心理学家研究，教师教学提问过程中必须有两处停顿，一是问题提出之后为让学生充分思考需要有3~5秒的时间停顿；二是学生回答之后为让他们有反应、补充、修正机会也需要有3~5秒的时间停顿。此外，一般情况下要求教师一次提出的提问问题不能太多，如需要多个提问问题组合才能达成目标也必须逐一呈现，即使是总分式提问、递进式提问、追问式提问等，也同样要完成一个提问问题再提出下一个提问问题。

5. 注意总结开拓，深化学生认识

教学提问根本目的在于促进学生学习参与和深化学生学习认识，从而有效增进整个学生认知过程发展和帮助学生顺利建构知识。因此，要求授课教师一定要在学生作答之后及时进行总结评价，即对学生零散观点予以综合、对肤浅认识予以深化、对片面观点予以补充、对错误说法予以纠正，从而使教学提问问题能够有一个清晰、明确、完整的正确结论。当然，针对一些特殊教学提问设计也可有所变化，如教师为了开拓学生认识视野、发挥学生想象空间，也可在总结评价时有意留下个别具有讨论价值的问题不予结论，让学生能够在课后继续进行观察、分析、思考、探索。

总之，总结开拓是地理课堂教学提问过程的有机组成部分，它与设计问题、引入问题、陈述问题、倾听回答等环节共同组成了一个完整提问过程。基础教育学校地理课堂教学提问具体实践表明，如果教师注意在课堂教学提问最后阶段进行总结开拓，不但能够完善提高整个地理课堂教学提问过程与提问水平，而且能够极大地促进学生对所学知识认识的深入化、系统化、综合化，并且还能够有效帮助学生顺利完成新知识建构任务。

6. 教会学生质疑，自主提出问题

地理课堂教学提问归根结底终究只是一种手段、一种形式，

其根本目的在于通过教学提问促进学生参与和深化学生认识，并有效促进学生认知过程发展和帮助学生顺利建构知识，以及帮助授课教师完成知识传授任务。然而，"授人以鱼不如授人以渔"，教师与其通过教学提问问题向学生传授既有知识，不如教会学生质疑方法和培养学生善于提问的习惯，让他们自主提出自己需要解答的地理问题，让他们自己主动去获取所需的地理新知识。

质疑提问能够更加有利于学生个人的积极学习活动，即有效促进学生主动参与、认知过程发展和知识建构进程，因此教会学生自主质疑提问既是新课程教学理念的根本追求，更是地理课堂教学提问目标要求的最高境界。教师培养学生质疑提问习惯和教会学生质疑提问方法，首先需要让学生树立不唯书、不唯师，敢于大胆质疑提问的学习精神；其次，要教会学生善于从一致中找分歧，从普遍中找特殊的求异思维方法，使他们能够从书本中、教学中、生活中寻找矛盾，发现问题；此外，教师在课堂教学中切忌不要忘记为学生创设相应质疑提问环境，为他们提供相应的质疑提问良好机会。

四、设计训练要求

依据地理课堂教学提问设计基本要求和普通高中与义务教育地理教材内容，结合地理课堂教学提问设计基本方式和课时教学目标要求，开展各种基本方式的教学提问方法设计与训练活动，形成学生相应的地理课堂教学提问技能技巧。

第 8 章

地理课堂教学氛围调控设计

❖ 地理课堂教学氛围调控设计的基本内涵

❖ 地理课堂教学氛围调控设计的基本方式

❖ 地理课堂教学氛围调控设计的基本要求

❖ 设计训练要求

一、地理课堂教学氛围调控设计的基本内涵

1. 地理课堂教学氛围与教学氛围调控设计概念

俗话说"内行讲门道、外行看热闹",对于基础教育课堂教学而言"门道"必须讲究,否则地理课堂教学就会缺少必要的地理味;但要追求良好课堂教学效果缺少必要的"热闹"气氛又绝对不行,这种"热闹"气氛也就是我们这里所要探讨的课堂教学氛围。地理课堂教学氛围是师生课堂教与学活动所体现出来的、相对稳定且占据优势的一种学生情感态度综合状态,它是基础教育学校地理课堂教学活动赖以发生、发展的心理条件,直接影响着整个地理课堂教学活动的具体实效。

地理课堂教学氛围调控则是指授课教师教学过程中,为创设形成学生良好的情感、态度综合心理状态,为获得学生最积极、最富情感的教学反应,使师生双方教与学活动达到最佳配合状态而实施的一种教学行为方式。良好地理课堂教学氛围必然适应学生认知心理需求,也有利于调动学生学习兴趣与学习主动性,且使得师生之间、生生之间关系和谐融洽,学生注意力高度集中、课堂纪律良好,学生学习精神饱满、思维活跃。可以说,地理课堂教学氛围是决定地理课堂教学效益的重要因素,而良好教学氛围又是在教师精心调控之下所营造出来的,它是学生课堂情感态度恬静与活跃、热烈与深沉、宽松与严格的有机统一。

地理课堂教学氛围调控设计是一项先于课堂教学氛围调控实践活动进行的预设准备工作,它是授课教师为努力营造良好地理课堂教学氛围,针对教学氛围调控这种包含智力与动作的教学行为方式及其实施策略、设计方法所进行的一种计划性策划。由于教学氛围在基础教育地理课堂教学之中具有十分重要的作用,因此教学氛围调控设计越来越受到广大教育工作者的认同、重视与应用。地理课堂教学氛围调控设计的本质即是由情感着手,以启动学生情感为切入口,通过运用具体方法激起教学高潮来营造地理课堂教学氛围;通过充分发挥学生情感、

态度方面的动力功能，帮助学生形成积极的情感、态度心理状态，积累丰富的情感体验与认知经验，从而形成轻松愉快、和谐融洽、高效稳定的良好地理课堂教学氛围。

2. 地理课堂教学氛围调控设计重要作用

良好教学氛围是授课教师提高地理课堂教学效果必不可少的心理条件，富有经验的教师总是在牢牢抓住学生注意力的同时，不失时机地激起一个个课堂教学高潮，并通过教学高潮调控形成良好的课堂教学氛围，从而使师生教与学活动达到最佳配合状态。因为学生处于良好教学氛围之中对教学的反应才会最热烈，他们会因急于知道教学结果而聚精会神、冥思苦想，会因解决了重要的教学问题而愉悦、兴奋，会因有了新的认识和发现而欣喜、惊奇，会因领悟了知识蕴涵的情理而激动、自豪，会因发表了与众不同的观点看法而欣慰、满足。所有这些心理状态与变化都是授课教师教学氛围调控设计所期望获得的最佳结果，它是学生最积极同时也是最宝贵的情感体验反映。

归纳起来，地理课堂教学氛围调控设计的重要作用具体表现在以下方面：一是能够充分增强学生学习热情。因为由情感着手激起教学高潮来营造良好教学氛围，能够使学生在愉快、喜悦、兴趣的情绪状态下，有效消除因被动学习活动所带来的不良影响，真正调动学生内在的学习动机与学习热情，从而更多体现新课程所倡导的"主动·探究·合作"学习方式要求。二是能够有效开启学生想象思维。因为由情感着手激起教学高潮来营造良好教学氛围，实质就是为学生营造开展学习活动所需的心理安全与心理自由，学生想象思维也只有在安全、自由的心理状态下才能有效开启，感知、记忆、理解等认知过程才会不断优化，并最终促进学生的创造性学习活动和提高学生的智力发展水平。三是能够进一步提高学生学习效率。因为由情感着手激起教学高潮来营造良好教学氛围，能够使学生在较短时间内获得最丰富的情感体验，丰富的情感体验不仅能增强学生的感知、记忆、理解，而且能够通过优化认知过程进一步提高学生学习效率，从而使课堂教学获得"低耗高效"的综合效益。

二、地理课堂教学氛围调控设计的基本方式

地理课堂教学氛围调控设计方式与方法可谓多种多样，不同教师均可以在其中找到适宜于自己的最佳方式与方法。归纳起来，地理课堂教学氛围调控可通过活动设计、教学节奏变换、教学语音变化、教学媒体变换等具体途径来进行。以下所探讨的仅是教师通过活动设计，且通常能够奏效的几种基本方式：

1. 创设悬念式

悬念在心理学上是指人们急切期待的一种心理状态。悬念在设计结构与实施手法方面包含"设悬"和"释悬"两个部分，即在教师实施之初亮出谜面藏起谜底，而在适当时候再揭示或是点破谜底，从而满足学生急切期待的学习心理需求。创设悬念能够有效激起学习者学习动机、吸引学生听课注意力和激发学生学习兴趣，并能够有效唤起学生知识探究欲望，为此它成为了人们有效调控教学氛围的一种艺术手段与重要方式。教学实践表明，当学生处于极度困惑之中被激起的学习动机才最强烈，而当他们完全解决了所面临的学习困难与学习问题之后，学习动机、学习兴趣、学习欲望也就会随紧张感的消失而不再存在，所以设置悬念法在发挥学生情感、态度方面的动力功能，增强课堂教学氛围和提高课堂教学效果方面具有独特作用。

设计案例：教师进行八年级"中国的气候"内容教学时，为引导学生认识我国0℃等温线经过地区及其两侧气温的明显变化，特利用"中国一月等温线分布图"有意设立悬念："同学们，'山前桃花山后雪'描绘了我国冬季某一条等温线经过山脉的天气变化状况，你们知道是哪一条等温线所经过的哪一列山脉吗？为什么山脉两侧地理景观会迥然不同呢？"伴随教师"设悬"过程学生好奇心理和探究欲望顿时激起，在学生浮想联翩和纷陈己见的活动过程中课堂教学氛围也因此活跃了起来。最后，教师不但成功激起了学生学习动机和探究欲望，以及营

出良好地理课堂教学氛围，而且还让他们明确了0℃等温线及其经过的秦岭山脉气温变化情况，使整个地理课堂教学收到了良好效果。

创设悬念方式的设计与应用需要注意两方面基本要求：一是要求设计者一定要依据地理事实材料设计具体悬念，避免产生因缺乏地理事实内容支撑的空洞"设悬"现象；二是要求授课教师一定要适度、自然地呈现悬念问题，要求教师既不要让"设悬"过程脱离学生现实生活，也不要在呈现悬念问题时故弄玄虚让学生反感。

2. 实施感染式

感染主要通过实施者口头语言表达，也可结合其他教学手段来引发他人产生相同情绪与行为，即让学习者心灵受到震撼、感动，或是行为产生相应联动反映，其实质就是人们思想情感方面的一种传递与交流。课堂教学中的感染可以有效改变学习者的互动情绪，可以让学生通过调整自己身心而迸发出一种与环境一致的情感，也可以提高整个学生班集体的亲和力、凝聚力。所谓实施感染式即是指教师由情感着手，通过调控学生课堂教学中的思想情感，从而帮助他们获得强烈情感体验的一种氛围调控方式。实施感染式关键在于教师要有情，因为学生思想只有在教师强烈情感影响下才会受到感染，学生情感门扉也只有在教师强烈情感影响下才容易被打开，从而顺利实现提高课堂教学氛围的重要目的。

设计案例：教师进行七年级"世界的人种"教学时，为树立学生对黑色人种的正确认识，激发他们热爱各种族人民和憎恨殖民主义者以及种族歧视者之情感，特意设计这样的氛围调控方法："同学们，你们知道黑色人种皮肤为什么黑吗？黑色人种为什么会受到歧视？难道世界人种真有优劣之分吗？"学生思考片刻后开始发表自己观点与看法，学习动机与正义之情也随之被激起，在结合教材内容认识了人种肤色与地理环境关系后教师进一步激发："同学们，非洲是黑色人种的故乡，早在2000

多年前这里就出现了灿烂文明;但是,伴随着15世纪后殖民主义者的入侵、掠夺、奴役,这里便长期陷入了贫困与落后之中!……""万恶的殖民主义者不仅疯狂掠夺这里的财富,而且还把大批黑人贩卖到美洲为奴,在他们眼里黑人智力低下只配当奴隶,无权享受人的尊严。"

教师一番话后更加激起了学生正义之情,最后教师义愤填膺地强调:"同学们,据科学家研究表明不同人种在智力、体能方面都一样,根本就没有什么优劣之分!今日我们人类的文明既离不开黄色人种、白色人种,也离不开黑色人种;没有黑色人种今日美洲发展与繁荣将是另一番景象,没有黑色人种今日西方摇滚乐与爵士乐将是另一种旋律,没有黑色人种奥运会的多项世界纪录将不会是现在的结果。让我们为黑色人种对世界文明作出的贡献而喝彩吧!"在课堂教学氛围高涨的同时,学生们也深受教育。

3. 组织讨论式

组织讨论式即是教师组织学生就某一问题交换意见,或是展开专题评论的一种学习方式,同时它也是课堂教学氛围调控设计的一种重要方式。组织讨论式设计与应用关键在于讨论问题的可讨论性,正因如此它成为了广泛应用于地理学科教学的优势方法,因为许多地理教学内容本身就具有较强可讨论性。另外,组织讨论式还能够有效引发学生各种不同观点与看法,教师适时组织开展讨论既可以深化学生思想认识,又能够激发学生学习热情和营造良好课堂教学氛围,还能够有效体现新课程所倡导的"主动·探究·合作"学习方式。

设计案例:为深化学生对"西亚和北非"战略地位与石油资源重要性认识,有效完成相应的"情感、态度与价值观"课程目标任务,教师特意在新知识教学后设计了这样的讨论问题:"同学们,'西亚和北非'同属于阿拉伯民族构成的阿拉伯世界,但不知为什么这些国家之间却一直战争不断,许多国家由国内矛盾引发的冲突、内战也会不断出现呢?"问题提出后学生们开始激动起来,各种观点与看法也不断呈现:"由于这些国家普遍缺乏民主,统治者独断专行,老百姓缺少起码人权!""由于大多数国家政府都不是民选的,国家仍然由世袭的国王统治,太落后了!……"

根据学生回答教师及时进行询问:"是不是这些国家就真的缺乏民主,完全没有人权呢?"于是有的学生慷慨陈词道:"'民主'、'人权'只不过是西方国家干预他国内政使用的旗号,阿拉伯国家之间战争以及国内政权的颠覆其实都是西方国家制造出来的!"教师及时抓住学生回答进行追问:"西方国家为什么要干预这些国家内政,为什么要颠覆这些国家政权呢?"之后,许多学生讨论开始涉及问题的实质与目的:"归根到底,因为这里有着丰富的石油资源","不止是石油资源,还具有重要的战略地位,所以西方国家要控制、掠夺这一地区!"有的学生则强调:"我们大家应该支持、同情这里的国家和人民!"就这样,学生你一言我一句使认识不断深化,课堂教学氛围也随之高涨了起来。

4. 开展竞赛式

竞赛通常指人们在体育活动、劳动生产等方面比较各自本领与技术的行为,其活动一般由多人参加并有明确比赛规则。这里所说竞赛特指学校学生的学习竞赛,包括学生学习之中所进行的识记竞赛、阅读竞赛、朗读竞赛、抢答竞赛、填绘竞赛等学习竞赛手段。开展竞赛式则是指授课教师通过应用竞赛手段,设法激起课堂教学高潮和营造教学氛围的一种方式。由于学生在竞赛状态下大脑活动效率会比平时高出许多,即使让他们面对毫无兴趣的智力活动也会因渴望取胜而努力拼搏,也会暂时忘记活动内容本身的乏味而兴致勃勃地投入竞赛活动,所以有经验的教师总是善于运用适当竞赛手段来营造课堂教学氛围。

设计案例:在进行七年级"图例和注记"内容教学时,为让学生更多熟悉枯燥无味而又有用途的常用图例,教师特意在分析讲授之前宣布开展竞赛活动："同学们，下面是大家今后阅读地图经常会遇见的图例，请大家先识记一下准备参加识记竞赛！"于是，全班学生全神贯注地细读了起来，之后按教师要求学生们把书都收了起来，只见两名学生手拿粉笔走到黑板前，其他学生则拿到一张由教师提供的竞赛用纸，这时教师宣布具体竞赛要求："请大家用五分钟时间把记住的图例符号都画出来，老师要看谁画得多画得好！"

学生们按教师要求迅速而又专注地投入了竞赛活动，但是识记竞赛结果差别却很大。其中，利用黑板勾画图例符号的一名学生情况很好，另一名学生则因画不出多少而直敲脑袋憋得慌；台下学生识记竞赛结果差别也很大，许多学生也因为画不出多少而在那里憋得慌。这种迅速专注与憋得慌的竞赛场景正是教师所期盼的，因为它不仅为教师接下来的分析讲授做好了铺垫，而且成功营造了紧张而活跃的课堂教学氛围，并且还有效地激发了学生强烈的求知欲望。当教师宣布竞赛结束让学生再次熟悉常用图例时，学生们个个恨不得把每个图例符号都吞进肚里。

5. 激烈辩论式

辩论原本是指人们对考查所作的鉴定结论加以认真分析，或是指不同见解者彼此用理由来说明自己对鉴定结论看法，以便最后得到正确认识或是共同意见的具体过程。这里所说的激励辩论式则是指学生针对一个主题，以口头语言表达方式为主，以教师为裁判按正方与反方把参与学生分组，并为分辨不同观点正确性而从不同层面、角度展开唇枪舌剑般交锋的一种辩驳争论方式。激烈辩论式实质就是学生思想、观点上的一种碰撞与交锋，即学生围绕共同主题展开唇枪舌剑般的对决。因此，实施这种辩论活动通常都非常激烈也异常精彩，它不仅能够有效培养学生的思辨能力和语言表达能力，而且能够极大地激活课堂教学气氛和调动学生学习积极性。另外，激烈辩论式也是一种集文化知识、思维逻辑、语言艺术和心理素质于一体的综合素质较量，因此这种方式更多实用于普通高中地理课堂教学之中，当然适当用于学习基础较好的初中班级也能够收到良好效果。

设计案例：教师为促进普通高中学生对全球热门的环境保护与经济发展话题认识，特意组织了一场辩题为"当今社会环境保护比经济发展更为重要吗？"的地理实事辩论活动。在辩论准备阶段，教师首先按辩论要求把参与学生分为正方与反方两个小组，并让各方分别选出主辩、二辩、三辩、四辩等选手；然后，教师自己担任具有胜负决定权的裁判人员，负责引导、协调和评判辩论活动，并布置学生阅读课内外有关地理资料，做好相关的辩论发言与答辩准备，让学生等待进入正式的辩论过程。

【辩论过程】

（教师致辞）教师面对辩论双方及学生观众宣布辩题和辩题相关背景资料，具体辩论比赛规则，介绍各位选手基本情况和正方、反方所持主要观点等。

（开篇陈词）正方主辩发言（立论）：众所周知，环境保护已成为当今人类需共同面对的最严峻问题。由于过去许多国家片面强调经济发展而忽视生态平衡与环境保护，因此这些国家常常为了眼前利益而污染和破坏人类赖以生存的自然环境。可以说，过去各国为实现强国之梦所采取的先污染后治理的措施使世界上每一天都有生物灭绝，每一天都有森林、天然湖泊从地球上消失，致使我们今天人类与环境矛盾空前激化，人类生存与发展正面临着前所未有的困境。目前，正值我国经济改革不断深入时期，我们决不能再走西方国家先发展后治理的老路，因为那样既实现不了中华民族伟大复兴，又难于提高国家国际地位和综合国力，所以我方认为目前环境保护比经济发展更为重要。

反方主辩发言（立论）：经济发展与环境保护确实是目前全球最热门话题，但我方认为解决这一尖锐矛盾的根本出路在于进一步发展经济，"发展才是硬道理"吗！我们既不能因发展经济而失去对环境保护，更不能以保护环境为由让经济发展畏缩不前。另外，随着人类社会不断进步和科学技术不断发展，经济发展与环境保护并不一定成为一对必然矛盾，相反进一步发展经济有可能成为保护环境的有效出路。因为伴随经济发展人类征服自然、改造自然的能力也会进一步增强，只要我们不断优化经济产业结构，从源头上堵住产生环境问题的污染源，并注重发展高科技、无公害的绿色工业，就一定能够使经济发展、国家富强与环境保护、生态平衡协调起来，到时人类不但有充足能力保护自然环境，还能够进一步改善人类居住环境，并将茫茫沙漠改造成为片片良田，所以我方认为经济发展应该优先于环境保护。

（攻辩）开篇陈词之后，正方二辩、三辩、四辩不断向反方二辩、三辩、四辩提问；反方二辩、三辩、四辩也不断向正方二辩、三辩、四辩提出问题。正方与反方你来我往使攻辩过程变得异常激烈，课堂辩论气氛也因此空前高涨。辩论之中，无论参与辩论的双方还是台下聆听辩论的学生观众，学习积极性也都因此受到了极大激发。最后，教师分别让正方主辩和反方主辩进行攻辩小结，并比较顺利地结束了本阶段的辩论活动。

（自由辩论）攻辩结束之后，教师随即引导辩论活动进入了正方与反方的自由辩论阶段。这时各方选手纷纷用事实和道理来进一步阐述各自主张，整个辩论观点也因此越辩越鲜明，公理、道理、真理也因辩论而越来越清楚。

（总结陈词）最后，教师宣布自由辩论结束，并由反方四辩进行为时三分钟的总结陈词，正方四辩也随即进行了自己的三分钟总结陈词，整个辩论双方的辩论对决活动结束。

【观众提问】

针对正方与反方的整个辩论过程及内容，教师及时让辩论进入观众参与的提问阶段。于是台下学习积极性早已激发，且早已跃跃欲试的学生观众随即通过提问参与到辩论之中。通过观众提问辩论主题内容更加完善，并在教师裁决、点评之后进一步深化了学生认识。

【教师裁决、点评】

教师裁决、点评既肯定了各方选手的出色表现，又加深了学生们对辩论主题的认识。

最后教师抓住学生思维及时引申道：同学们，在当今地球生态危机大背景影响下环境保护显得更为重要，但对这个问题我们需要辩证地去思考。因为在经济发达地区，由于人们已经享受到了较高的物质生活及经济发展成果，因此这些地区能够在发展经济的同时把保护环境放在第一位，实行经济—环境友好型发展模式；然而在经济相对落后的地区，由于人们还没能享受到较高物质生活及经济发展成果，甚至连最起码的温饱问题尚未解决，所以这些国家和地区很难在保护环境前提下去发展经济，因为这样做他们就无法摆脱贫困所带来的困扰。不过，从目前的发展角度来看各地不论经济发展水平如何，每个国家和地区都越来越重视环境保护，只是有些国家和地区现在还无暇顾及更多而已。希望同学们未来成为实现经济发展与环境保护双赢的宣传者、实践者、决策者，去保卫我们人类共同的家园——地球环境！

总之，辩论法的设计与应用需要具备三要素：一是辩论人员要具有双方性，双方或多方参与才能实现学生思想交锋，单一方面只能是思考、思辨、议论而不能成为辩论；二是辩论必须是针对同一个主题，如果各方扯的不是同一个话题，那各自所作判断无法构成辩论；三是辩论双方既要有共同认识又要有不同意见，如果双方没有共同认识而缺少起码是非公理，那么辩论只会是一场缺乏思维逻辑与科学真理的诡辩，如果双方缺少不同意见而没有起码的对立观点，那么辩论只会是一场毫无可辩性的谈判。

6. 角色扮演式

角色扮演是心理学中的一个常用名词。所谓角色扮演式即是运用戏剧表演方法将个人暂时置身于他人社会地位，并按照这一位置所要求的方式和态度行事，以增进人们对他人社会角色和自身角色的认识与理解，从而学会更有效履行自己角色的一种心理技术与方式。角色扮演式根本目的在于使学生发现和了解问题症结所在，进而更好地调整自己心理状态并解决好存在的心理问题。另外，通过角色扮演方式还能够使学生亲身体验和实践他人角色，从而更好地理解他人处境与内心情感。再有，通过角色扮演方式既可以使学生产生"学习主人翁"情感，又可以变教师单纯讲授为师生双方共同活动，从而有效增强课堂教学趣味性和有效提高课堂教学氛围。

设计案例：教师在完成法国农业地理新知识教学之后，为深化学生对"法国"农业生产条件和农业产业部门及其相互关系认识，特意让两名学生扮演法国"农业部长"接受"各国记者"的质疑和提问。当教师明确了扮演角色要求后学生们顿时兴奋了起来，只见他们争先恐后地不断发问："部长先生，我是香港大公报记者，请问贵国的小麦是冬小麦还是春小麦？""你们的小麦为什么集中分布在巴黎盆地和大西洋沿岸，葡萄又为什么主要分布在南部的地中海沿岸呢？"另外的同学则追问道："请问部长先生，我们中国也生产棉花，究竟是你们法国棉花好呢还是中国的棉花好？""两位部长，我是来自英国国家电视台的记者，请问是你们法国的奶牛品质好呢还是我们英国奶牛品质好，为什么？"……

角色扮演法使两名学生亲身感受了担任"农业部长"的滋味，也较好体验了所扮演角色的处境与心情。台下其他同学则品尝到了做"记者"的趣味与乐趣，除此之外他们还把自己疑惑不解的学习问题全都提了出来，既满足了学生各自的学习需要，又有效提高了整个地理课堂教学氛围。

三、地理课堂教学氛围调控设计的基本要求

通俗地讲，教学氛围调控设计关键在于如何使"门道"与"热闹"有效结合，并在兼顾"门道"与"热闹"的同时，有效避免流于形式的教学氛围"花架子"出现，从而使地理课堂教学产生具体实效。为此，教师在进行教学氛围调控设计时必须注意以下基本要求：

1. 教学高潮设置要处理得当

教学高潮设置决定着教学氛围营造的成功与失败，为此设

计者一定要处理得当并切实把握好以下三方面要求：一是教学高潮设置要特别注意载体内容本身的可激起性，因为不是任何地理教学内容都能有效激起教学高潮的，教师只有选择那些富含高潮可激起性内容才能成功激起教学高潮，从而营造出良好地理课堂教学氛围；二是教学高潮设置要关注高潮本身的服务指向性，即要求设计者尽可能围绕教学重点设置安排教学高潮，让所激起的教学高潮直接或间接地为课堂教学重点服务；三是教学高潮设置要考虑课堂整体结构的合理性，要使教学高潮出现时段、时机与课堂教学结构、节奏相协调，并注意为教学高潮激起创设相应教学情景，教师切忌把所有高潮全集中在一块，更不要都设置在教学开始或是结束阶段。

根据理论公式计算，教学高潮设置时间 =（最大点 – 最小点）× 0.618 + 最小点。如果教师一堂 45 分钟课中只准备激起一个教学高潮，那么教学高潮设置时间 =（45 分钟 – 1 分钟）× 0.618 + 1 分钟 = 28.192，即教师在课堂教学进行第 28 分钟左右激起教学高潮会比较得当。如果教师准备在课中激起两个教学高潮，则首先需要将一堂 45 分钟课分为 25、20 两段时间才能计算，第一个教学高潮设置时间 =（25 分钟 – 1 分钟）× 0.618 + 1 分钟 = 15.832；第二个教学高潮设置时间 =（45 分钟 – 25 分钟）× 0.618 + 25 分钟 = 37.36，即教师在课堂教学进行第 15 分钟的时候设置第一个教学高潮，在 37 分钟左右再激起第二个教学高潮会比较合适。当然，以上所计算的仅是一种理想激起时间，因为其只是考虑了课堂整体结构的合理性要求，教师在实际设计应用中常常还必须结合载体内容本身可激起性，以及教学高潮本身的服务指向性等要求来设计安排。

2. 教学高潮激起要注意适度

一般情况下，课堂教学氛围是通过教师激起的一个个教学高潮来营造的，教学高潮激起及其水平决定着教学氛围营造的成功与失败。也就是说，基础教育地理课堂教学活动一定不能缺少必要的教学氛围，教师需要通过具体的教学高潮激起来营造课堂教学氛围，从而有效促进学生认知活动和提高课堂教学效果。但是，用于营造教学氛围的教学高潮究竟该激起多少个恰当,是越多越好还是始终应该把握好一个度呢?从理论上来讲,一堂地理课所激起的教学高潮也并非越多越好,授课教师的教学高潮激起一定要注意适度,设计者应该有节制地设置课堂教学高潮,并设法使课堂教学氛围强度始终控制在一定范围内。

据心理学家实验研究表明,教学氛围水平高低与学生学习效率大小之间呈一种倒"U"字形关系(图8-1)。这是因为课堂教学氛围低沉即缺少教学高潮或是所激起的教学高潮太少,学生学习动机必然很弱并难于唤

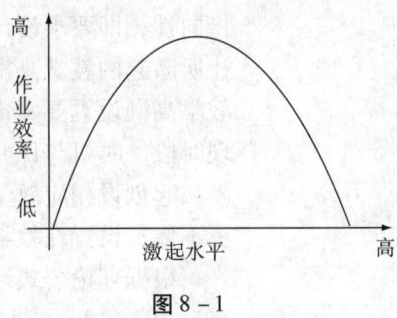

图8-1

起学生必要的学习热情,学生随之会产生冷淡甚至厌烦的学习情绪,课堂教学也会变得平淡、单调、乏味,最后学生学习效率也必然极其低下;课堂教学氛围过于浓厚即所激起的教学高潮太多,学生课堂学习动机必然会过于强烈,学生会一直处于过度激动、过度兴奋等心理状态之中。由于学生过度激动、兴奋会影响他们注意力及思维活动及时转移,反而会使学生因沉迷于前一思维活动之中而影响后续的学习迁移活动。所以,一般情况下一堂地理课应设置1~2个教学高潮,这样所营造出来的课堂教学氛围强度就会比较适度。

3. 教学氛围调控要机动灵活

基础教育学校地理课堂教学过程是一个由诸多因素构成的复杂系统,教学高潮激起乃至整个课堂教学氛围营造也存在许多变化与不确定性。上述"得当"、"适度"要求仅仅是针对一般学校的一般学生情况所提出的基本要求,且更多属于理论层面比较理想化的教学设计与安排。特别是在当今地理课堂教学实践过程中,不同学校不同班级学生的学习基础差异客观存在,不同地区不同教师的从教能力及其教学高潮激起水平、教学氛围营造能力差别也不可回避,再有就是不同场景下教师与学生能力水平的发挥也不一样。因此,要求授课教师的地理课堂教

学氛围调控设计，及其现实中的教学氛围调控活动一定要注意机动灵活。

就基础教育学校地理课堂教学高潮激起而言，即使是教学高潮设置充分考虑了载体内容可激起性、突出了课堂教学重点、体现了课堂结构合理性，那么实际的教学高潮激起仍然需要结合具体实际情况来考虑。如果一堂地理课要求特别精彩才能有效达到预定的"情感、态度与价值观"的课程目标要求，那么教学设计者就不妨多设计几个教学高潮。如果授课教师在实际教学高潮激起过程中感觉效果不够理想，那么同样可以考虑再激起几个教学高潮，即让多个教学高潮叠加来营造最佳课堂教学氛围。

4. 教学氛围营造要追求实效

地理课堂教学氛围调控设计的根本目的，在于通过设计本身充分发挥学生情感、态度方面动力功能，从而获得学生最积极、最宝贵的情感体验反映，使地理课堂教学产生具体实效，并圆满完成预定的课时教学目标任务。因此，地理课堂教学高潮的设置与激起，乃至整个课堂教学氛围的营造与调控终究只是一种应用手段与形式。从地理教学设计学科本身要求来看，这种手段与形式、营造与调控也必须为教学目标与教学内容服务。也就是说，教学高潮激起与教学氛围营造应从属于教学目标要求和教学内容规定，并以提高整个课堂教学综合效益为根本取舍标准。所以，地理课堂教学高潮的设置与激起，地理课堂教学氛围的营造与调控决不能仅仅为了"热闹"的表面形式，而必须与具体实效或是根本目的直接相关联。

总之，在义务教育学校地理课堂教学氛围调控设计及其现实的教学氛围调控活动之中，授课教师既要关注教学高潮激起所产生的教学氛围"热闹"形式，更要追求"热闹"形式下所产生的具体地理课堂教学实效。基础教育学校地理课堂教学氛围调控设计者，既要避免不落实课时教学目标要求，不讲究课堂教学具体实效的教学高潮设计，更要防止流于表面形式的、"花拳绣腿"般的地理课堂教学氛围"花架子"出现。

四、设计训练要求

依据地理课堂教学氛围调控设计基本要求与基本方式,紧扣普通高中和义务教育地理教材具体内容,开展以各种基本方式为内容的课堂教学高潮设计与教学氛围营造训练活动,并注意有效把握教学高潮激起最佳时机和课堂教学氛围营造具体实效。

第 9 章

地理课堂教学结束设计

- ❖ 地理课堂教学结束设计的基本内涵
- ❖ 地理课堂教学结束设计的基本方式
- ❖ 地理课堂教学结束设计的基本要求
- ❖ 设计训练要求

一、地理课堂教学结束设计的基本内涵

1. 教学结束与教学结束设计概念

教学结束又称教学结尾或是教学结课，它是指授课教师在完成课堂新知识教学之后，通过熟练运用归纳总结、强化训练或是其他有效手段，为学生清晰呈现所学知识系统结构、逻辑关系与内在规律，从而完善学生认知结构和促进学生知识建构的一种教学行为方式。教学结束是授课教师经常实施的一种教学行为方式，又是基础教育课堂教学必不可少的重要环节，因为具有完整结构的基础教育课堂教学活动，不仅需要有新奇蕴疑的"导入"、异彩纷呈的"展开"和变化自然的"承转"，而且还必须有一个耐人寻味的"结束"安排。可以说，教学结束是基础教育学校课堂教学的点睛之笔，它以其独特的设计与安排显著区别于其他课堂教学环节，以及教师其他的教学行为方式。另外，教学结束这种技能不仅广泛应用于一堂课的教学终了阶段，而且还可以用于许多新知识、新概念的教学结尾；不仅能够系统概括学生所学知识内容，而且还能够拓宽学生认识视野和激发他们后续学习兴趣。

地理课堂教学结束设计，仍然是一项先于课堂教学结束实践活动进行的预设准备工作，它是授课教师为提高自己课堂教学结束水平与实施应用效果，特意针对教学结束这种包含智力与动作的教学行为方式，及其实施策略和设计方法而预先所进行的一种计划性策划。地理课堂教学结束设计如能得当，不仅可以让学生达到纵览全课要领、清晰教学条理和巩固所学重要知识等目的，还可以为学生后续学习打好基础、作好铺垫、埋下伏笔，激发他们进一步学习的兴趣与欲望；反之，则相当于教师只顾耕耘不管收获，不仅会造成授课教师课堂教学虎头蛇尾的教学遗憾，而且还会极大地降低教学效果和影响课堂教学质量。为此，有人曾把教学结束设计比喻为一台戏剧或是演唱会的闭幕式设计，如果"表演"得当会让学生进入"惟恐聆听之不周，不知铃声之既响"的美好学习境界，使他们聚精会神、

全神贯注而久久不愿离去，有如同撞钟般留下不绝于耳的清音和不绝于脑的思索。

2. 地理课堂教学结束设计重要作用

地理教师实施课堂教学结束设计的根本目的，在于通过增强教学结束功能和强化教师实施行为来提高课堂教学结束实施应用水平。由于教学结束设计本身终究还是先于教学结束实践应用过程的计划性策划，因此其更多作用有待通过授课教师的实施应用来发挥，所能产生的重要作用具体表现在以下方面：

一是总结归纳课堂教学知识。教学结束其精练准确的设计语言不仅能够突出教学重点和清晰教学条理，而且能够给予学习学生系统、完整的地理印象，提高学生对所学地理知识的理解与记忆水平，同时还能够有效培养学生地理综合归纳能力。二是及时巩固学生所学知识。据心理学研究表明学生对学习知识的遗忘规律是先快后慢、先多后少，因此及时巩固学生所学知识能够有效保持他们的记忆知识储量，尤其是对那些大量的事实性地理知识识记来说，及时巩固学生所学知识更具有重要意义。三是获取学生学习反馈信息。教师通过总结归纳、强化训练或是其他有效手段，能够及时了解学生对所学知识掌握的基本情况，并能够依据学生反馈信息有效修正他们认识错误和调整教师后续教学计划。四是激发学生后续学习兴趣与欲望。具有丰富教学经验的授课教师总在教学结束时有意设置悬念或是埋下伏笔，让学生能够在最后不断回味或是展开丰富联想，从而激发学生后续学习兴趣和继续学习的强烈欲望。

二、地理课堂教学结束设计的基本方式

地理课堂教学结束的设计方式与设计方法也是多种多样，教师可根据具体授课内容、学生学习心理需求和课堂教学变化实际情况，并结合教师本身特长灵活机动地进行选择与设计。以下所分析论述的仅仅是几种常用的地理课堂教学结束设计方式：

1. 归纳总结式

归纳总结式是基础教育地理课堂教学广泛应用的一种教学结束形式，它是指授课教师在课堂教学结束的时候，应用简明扼要语言将新授课内容进行梳理、归纳、总结，从而突出课堂教学重点和清晰教学条理的一种教学结束方式。这种教学结束方式能够快速再现学生所学重要知识内容，并有效建立新旧知识联系和清晰系统知识条理结构。由于归纳总结式并非是课堂教学的新知识教学环节，所以忌讳只是机械再现或是简单重复所学知识内容的做法，要求授课教师在进行梳理基础上做好对所学知识的归纳、总结等加工处理工作，并特别注意创设相应的课堂教学结束情境，让学生所学知识内容能够得到有效拓展与延伸，从而进一步促进学习学生的知识建构与内化过程。另外，归纳总结式的文字表达可以是图框式，也可以是表格式；可以是因果关系式，也可以是基本特点式，具体设计需要教师根据实际情况灵活处理。

设计案例：教师在完成了八年级地理"中国的气候——气候复杂多样"新知识教学之后，为了使学生进一步明确我国"气候复杂多样"这一主要特征的形成与由来，特意联系气候构成要素将本节课知识要点依据其内在逻辑关系和因果关系，并配合授课教师口头语言表达归纳总结成如下文字内容：

气候构成要素：气温、降水
⇩
五带一区温度带，四类干湿地区
⇩
气候类型多种多样
⇩
气候复杂多样（我国气候主要特征）

2. 承前启后式

　　承前启后式是一种为配合授课教师课堂教学开始内容，或是课与课教学导入内容所作的特殊教学结束设计方式。其中"承前"是指教学结束与本节课教学导入内容的相联系与相呼应，比如对教学导入所设置疑问或是悬念的一种回应；"启后"则是指将本节课教学内容或是教学结束内容作为下一节课教学导入内容的铺垫设计，它能够为学生后续学习做好必要的心理准备与知识准备。众所周知，地理知识与知识之间存在着广泛联系，常常一个章节的教学内容需要通过几个课时才能完成，因此设计者在进行教学结束设计时必须考虑后续教学内容，并为下一节课或是今后教学课的内容做好铺垫。当然，承前启后式的设计重点是"承前"，"启后"仅仅是为学生后续学习进行铺垫，所以要求授课教师在进行铺垫设计时一定要注意点到为止，切忌画蛇添足为课堂教学结束带来不必要麻烦。

　　设计案例：教师在完成七年级地理"陆地和海洋——大洲和大洋"新知识教学之后，为了与教学导入所设计的"水球"还是"地球"讨论问题相呼应，也为了增进学生对地球表面基本面貌特征认识，再有就是为了给学生下一节的"海陆的变迁"学习内容作铺垫，使学生在心理上和知识上做好必要准备，所以特意设计了这样的教学结束语言："同学们，水球还是地球之争论，实际上反映了我们人类对地球海陆面貌漫长而又艰难探索结果的评价，虽然我们现在轻而易举就弄清楚了地球海陆面积比例，但在古代那是多么的不容易啊！"

　　稍后，教师接着说道："通过今天的地理课学习，大家已经知道地球表面的陆地被海洋分隔成七个大洲，海洋也被陆地穿插分割为彼此相连的四个大洋。但是，不知大家是否想过地球表面海陆的分布自古就是如此吗？再有，海陆究竟是怎样形成的，又是如何变化的？这些就是我们下一节课将要学习认识的新内容，让我们一起期待这些新的学习内容吧！"

3. 拓展延伸式

拓展延伸式是指授课教师在学生充分认识、理解新知识内容基础上，利用课堂教学结束时机把学生所学知识内容与外界事物联系起来，从而有效引导学生思维活动向纵深方向延伸，认识视野向教材以外、课堂以外拓展的一种教学结束方式。拓展延伸式教学结束设计能够有利于学生创新精神养成与实践能力培养，从而有效体现新课程教学理念要求；但是，教师在选择设计拓展延伸式教学结束方式时，一定要特别关注教学结束所联系的外界事物具体属性，即要求选择那些具有典型性、可思考性、可探究性的外界事物进行设计，因为不是所有外界事物都能够赋予教学结束于拓展与延伸效果的。再有，所联系的外界事物如能够同时兼顾趣味性，能够激起学生的学习兴趣与爱好，那样就一定能够让教学结束产生理想效果。

设计案例：授课教师在完成了八年级地理"中国的行政区划"第一课时教学内容之后，为了让学生思维活动能够在课外向纵深方向延伸，从而更加深刻地认识我国 34 个省级行政单位简称及其由来，特意设计了这样的教学结束语言："同学们，我们今天了解了我国现行的三级行政区划，着重认识了我国 34 个省级行政单位的行政中心、名称和简称。名称与简称就好比我们每个人的大名与小名，34 个省级行政单位有名称和简称才算完整，但我们如何才能识记好这些简称呢，简称的由来与名称有关吗？与其他方面是否还存在联系，它们之间究竟有哪些规律可循？请同学们在课后认真思考一下这些问题吧！"

4. 巩固练习式

巩固练习式是一种特别注重教学实用性设计的教学结束形式，也是基础教育学校地理课堂教学广泛采用的一种教学结束方式，它是指授课教师为了强化学生当堂所学知识与技能，特意在新课教学任务完成后通过围绕教学重点展开系列实践应用、测试训练或是作业练习等，从而有效强化学生所获重要知识与技能的一种教学结束方式。巩固练习式虽然实施应用方法与手段很多,但实际地理课堂教学过程中更多教师是通过直接布置完成课堂作业的方法来进行的。巩固练习式教学结束不仅能够有效巩固学生所学知识与技能,而且还能够充分增强课堂教学的实用性与目的性,从而有效提高地理课堂教学效率和地理课堂教学质量。

设计案例:教师在完成七年级地理"西亚和北非"新知识教学之后,为了当堂巩固学生所获知识与技能而紧扣教学重点展开系列强化训练。首先,授课教师要求学生选派代表完成具体的填图绘图内容:"同学们,我们今天的新课就讲到这里啦!下面请大家推选五名代表在老师绘制的'西亚和北非'教学板图中,按顺序一名代表完成一份以下五方面的填绘内容:一是填写五海三洲之地的五海与三洲名称,二是填出苏伊士运河和霍尔木兹海峡,三是绘出位于西亚和北非的世界最大石油带,四是填出西亚和北非的主要产油国,五是绘出世界三条主要石油输出路线,接下来老师要看上来的代表谁完成得最好!"

在五名学生代表分别完成了各自填绘内容,在经过教师逐一点评总结之后,授课教师又让每一名学生都拿出自己的《地理填充图》,并且提出了进一步的强化训练要求:"同学们,接下来请每一名同学认真完成填充图中有关西亚和北非的各项填充、填绘内容!请大家认真吸取刚才上台完成填绘内容同学的经验与教训,注意把握好老师点评之中提出的具体要求。"通过以上巩固练习之后,学生们有效巩固了当堂所学的重要知识与技能。

5. 悬念创设式

悬念创设式是指授课教师针对学生认知心理原理与学习心理需求,结合独特教学内容通过创设悬念形成学生急切期待心理或是释凝解惑求知欲望,从而赋予课堂教学结束于独特艺术效果的一种教学结束方式。严格地讲,悬念创设方式仍然包含"设悬"与"释悬"两部分,但课堂教学结束之中特别要求突出其"设悬"设计，目的在于激起学生对后续学习的急切期待心理和释疑解惑求知欲望。由于悬念不仅能够有效唤起学生系列认知心理变化活动，而且能够赋予地理课堂教学结束浓厚艺术效果，所以具有丰富教学经验的教师总是在课堂教学结束时通过设置悬念，使学生在"欲知后事如何"时突然终止，故意留给学生一个急待探索的未知数，从而有效激起学生对新知识学习的迫切期待心理与好奇之心，使"且听下回分解"成为学生学习的一种期待，让地理课堂教学结束呈现良好效果。

设计案例：授课教师在进行七年级地理"纬线和经线"新知识教学之后，为了使学生进一步认识经纬线的具体用途，并为下一节课所学的"利用经纬网定位"教学内容做好铺垫，设计者可考虑设计这样的悬念创设式教学结束语言："同学们，'纬线和经线'这部分教学内容我们已经讲完了，我们用了整整两节课时间来深入分析经纬线定义、经纬线特点、经纬度变化规律，以及认识重要的经纬线等，说明这部分学习内容对于你们相当重要！但是，不知大家是否想过这些经线、纬线线条在实际地球表面是完全见不到的，我们只有在地球仪和地图当中才能够看得见；那么我们为什么还要用很多时间来学习认识这些东西呢？有人说是因为经纬线很有用处，是这样吗？经线和纬线到底有何用途，又如何使用？就让我们一起在下一节课探个究竟吧！"

6. 激发鼓励式

激发鼓励式是指授课教师让教学内容紧密联系实际，并通过富有情感且充满激情的话语启迪、鼓励、感染、感动学生，或是寄厚望于学习过程之中的学生，从而激发他们发愤图强报效祖国的决心或是卧薪尝胆刻苦学习精神的一种教学结束方式。激发鼓励式教学结束设计能够有效打动学生学习心灵，甚至直接影响学习学生的整个学习行为，使学习学生精神振奋、热血沸腾、努力拼搏，留给学习者终生难忘的记忆与印象。但是，这种教学结束方式除了要求精心挑选所联系的实际教学内容之外，对授课教师所应用的语言要求也特别高，它不但要求文字语言设计精练、准确、具体、形象、生动，更要求授课教师口头语言表达要富有情感，因为只有在教师强烈情感影响下学生才会受到启迪、鼓励、感染、感动，否则即使再华丽的语言通过干巴巴的表达也会变得索然无味。

设计案例：教师在进行普通高中地理"地球的宇宙环境"新知识教学之后，为了激发学习学生勇敢探索宇宙奥秘勇气，树立为中华民族伟大复兴而奋斗决心，特意采用激发鼓励方式设计了以下课堂教学结束语言："同学们，宇宙是无限的，但人类目前所认识的宇宙环境却是有限的！不知大家是否清楚人类所认识的宇宙范围是伴随着科技进步而不断扩大的，即由太阳系到银河系，再到河外星系，……"

稍后，教师接着说道："宇宙究竟是什么样的，茫茫宇宙中是否还存在着'地外文明'？可以说迄今为止人类还无法确切回答！为此，古往今来无数科学家为了揭开宇宙神秘面纱而奋斗终生，许多宇航员也为了探索宇宙奥秘而不懈努力，甚至付出了他们自己宝贵的生命；其中，苏联宇航员加加林成为了人类进入太空的第一人，我国航天英雄杨利伟也成了世界上进入太空为数不多的宇航员之一，就是这位航天英雄为我们中华民族赢得了荣誉，今天我们除了为他感到自豪和骄傲外，更应该像他一样去为祖国肩负神圣使命与责任！同学们，探索宇宙奥秘和振兴中华都离不开你们这一代新人，你们好比早晨八九点钟的太阳，希望就寄托在你们身上了！让我们鼓起勇气、咬紧牙关去努力学习，去为祖国未来多作贡献吧！"

7. 幽默风趣式

幽默风趣式是指授课教师在对新课内容进行归纳总结、强化训练或是其他手段基础上，通过对课堂教学结束过程或是教学结果进行幽默效果处理，从而设法使说再见的学习学生面带笑容离去的一种教学结束方式。幽默风趣式教学结束所追求的是教学最后的轻松愉快、生动活泼，良好效果的幽默风趣式教学结束不仅能够有效调整学生学习心理，而且能够有效消除学生学习疲劳和克服学生厌学情绪，并能够有效激发他们学习兴趣与学习主动性。地理教学实践证明，幽默风趣式教学结束效果更多取决于设计者课前的精心设计，即只要授课教师在课前依据具体教学内容妥善做好幽默效果处理，就一定能够在实际的课堂教学中产生良好效果；但是，许多时候良好效果形成还缺少不了授课教师课中机智灵活与随机应变的具体处置，即需要授课教师课中灵活处理好各种预设与生成矛盾。

设计案例：有位教师在利用计算机多媒体设备进行普通高中地理"大气圈与天气、气候"内容结课时，当归纳总结到最后几句话时突然"啪"的一声脆响，投影机内灯泡因为过热意外爆炸了，投影银幕顿时没有了任何影像。虽然投影机内玻璃碎片不可能飞溅到外面伤害学生，但突如其来的一声脆响却使学生们都愣住了，这时恰好教室外响起了下课铃声，于是这位教师机智灵活地借机幽默了一下："哎，看来电脑设备也想休息了，同学们我们现在下课吧！"由于这位教师抓住时机干脆利索、饶有风趣地作出了应变处置，也使所有学生们在会心一笑中结束了地理课堂教学。

三、地理课堂教学结束设计的基本要求

虽然地理课堂教学结束方式与结束方法也是多种多样，但良好的教学结束效果都需要授课教师精心做好课前各项预设准备工作，并通过不断提高教学结束设计艺术水平和灵活处理各种预设与生成矛盾来获得。为此，在对基础教育学校地理课堂教学结束设计过程中，授课教师需要特别注意以下基本要求：

1. 清晰教学条理，呈现系统结构

教学结束是基础教育地理课堂教学的点睛之笔，它有别于课堂教学导入、展开、承转、巩固等基本环节和教师其他教学行为方式。为此，特别要求授课教师在地理课堂教学结束时，不但要能够深化学生对地理事实、地理概念和地理原理认识；

而且还要能够将学生所学重要知识由点串成线、由线织成网，给予学习学生清晰的课时教学条理，并呈现出学生所学重要知识内容的系统结构，从而有效帮助学生形成完整地理印象和完善学生地理认知结构，进一步促进学习学生的知识建构与内化过程。所以，设计者在预设准备工作中一定要认真梳理课时教学内容，找寻所授课的重要地理事实、地理概念、地理规律、地理原理，一定要依据其内部联系、因果关系和逻辑关系，理顺自己的教学思路、理清自己的教学条理，并对重要地理事实、地理概念、地理规律、地理原理作出妥善编排与设置，从而确保地理课堂教学结束实施应用的良好效果。

2. 突出教学重点，归纳总结知识

地理课堂教学结束所提出的突出教学重点、归纳总结知识等基本要求，本身也就是教学结束区别于其他课堂教学环节，以及教师其他教学行为方式的突出方面。由于教学结束并非是课堂教学的新知识教学环节，所以授课教师使用机械再现或是简单重复学生所学知识内容的简单做法，既达不到相应教学结束良好效果，还容易让学生产生学习反感情绪。为此，要求教学结束设计者在自己预设准备过程中，一定要设法在自己分析与梳理基础上做好对知识内容的归纳、总结等加工处理工作，并特别注意突出课时教学内容的教学重点，这样才能有效避免教学结束时让学习学生十分反感的机械再现、简单重复等行为与做法，使地理课堂教学结束真正产生良好效果。

3. 注意拓展延伸，紧密联系实际

我国新一轮基础教育改革与以往教育改革相比更加贴近社会需要和学生实际。此次改革提出了许多新内容与新规定，特别在课程与教学改革方面有了一些全新理念要求，新课程特别强调课堂教学的理论联系实际与学生实践能力形成培养。为此，教学结束设计者应充分重视地理理论所联系的具体外界事物及其属性，要在巩固学生所学重要知识内容基础上，利用教学结束时机引导学生思维活动向纵深方向延伸，引导学生认识视野向教材以外、课堂以外拓展；让学生所学重要知识内容与外界

事物或是生活实际紧密联系，并在现实情景中接受具体验证，为学生后续学习打下必要基础。总之，地理课堂教学结束设计者应紧密联系实际、注意拓展延伸，注意学生学习的学以致用、能力培养和品德提高，并使教学结束成为又一新教学过程及教学内容的开始与起点，而不应把其视为单纯的地理课堂教学终结。

4. 重视预设准备，处理生成矛盾

地理课堂教学结束形成的良好效果，从课堂教学过程角度来看实际就是教师处理预设与生成矛盾的结果，即授课教师对预设与生成矛盾处理水平决定着地理课堂教学结束效果。为此，授课教师既要通过多思考、多设计做好课前各项教学结束预设准备工作，并注意在平时抓好自己教学结束设计艺术水平的提高，又要能够正视教学结束生成过程中存在各种现实矛盾，并善于灵活处理好各种预设与生成矛盾。所谓灵活处理预设与生成矛盾包含两层具体含义：一是要求授课教师根据课堂教学内容、授课类型和学生认知心理规律，在课前多设计出不同的教学结束方案，从而尽可能减少课堂出现的各种预设与生成矛盾机遇，使课堂教学结束能够比较顺利贴近教学要求与学生实际要求；二是要求授课教师在课中生成阶段能够根据课堂教学实际情况，灵活修正课前所预设的教学结束设计方案，从而确保实际课堂教学结束"瓜熟蒂落"、"水到渠成"，能够达到非常理想的良好效果。

5. 遵循简练特性，体现结束要求

简练同样是地理课堂教学结束本身区别于其他教学环节与教师教学行为方式的基本特性。这同样因为教学结束并非地理课堂新知识教学环节，因此要求地理课堂教学结束设计及其实际应用应以简练为特色，即要求授课教师教学结束语言要能够在清晰教学条理、呈现系统结构，突出教学重点、归纳总结知识基础上做到言简意赅，使授课教师寥寥数语能够画龙点睛、锦上添花、旨深意远、耐人寻味；或是能够让课堂学习学生产生另辟蹊径、别开生面的形象生动意境。授课教师切忌不要把自己教学结束言语弄得冗长而不得要领，更不要明知下课铃声响起还"不识时务"地在那里手忙脚乱拼命拖堂。

总之，教学结束既是地理课堂教学必不可少的重要教学环节，又是基础教育学校地理授课教师经常实施的一种教学行为方式。经过设计者精心设计的教学结束能够在实际教学应用中产生良好效果，能够使课堂教学授课内容得以概括、系统、深化，能够为地理课堂教学起到画龙点睛和点石成金的重要作用。为此，设计者在预设准备工作中需要认真清晰教学条理、呈现系统结构，突出教学重点、归纳总结知识，注意拓展延伸、紧密联系实际，重视预设准备、处理生成矛盾，遵循简练特性、体现结束要求，并注意统筹全面考虑好各项基本要求。

四、设计训练要求

根据地理课堂教学结束设计基本要求和普通高中与义务教育地理教学内容，结合地理课堂教学结束设计基本方式开展各种基本方式的教学结束方法设计与训练活动，形成学生相应的地理课堂教学结束技能技巧。

第 10 章

地理教学测量评价命题设计

- 地理教学测量评价命题设计的基本内涵
- 地理教学测量评价命题设计的基本原则
- 地理教学命题设计的常用题型与要求
- 地理教学命题设计的基本步骤与方法
- 设计训练要求

一、地理教学测量评价命题设计的基本内涵

1. 地理教学测量评价与命题设计概念

地理教学测量评价简称地理教学评价，它是教学测量评价者依据一定标准，对学校地理课堂教学活动所进行的系列事实判断与价值判断过程。地理教学测量评价有广义与狭义之分，广义的地理教学测量评价不仅包括围绕学校地理课堂教学活动展开的测量评价，还包含对学校地理课外活动形式的测量评价。这类教学测量评价几乎是针对地理教育各层面的一种事实判断与价值判断；而狭义的地理教学测量评价则是专门以地理课堂教学授课形式为对象，且主要针对课堂教与学双边活动状态及双边活动结果的测量评价，它是我国目前整个地理教学测量评价类型的主体。

地理教学测量评价本身又分为具体的教学测量与教学评价两部分。其中，教学测量是测量评价者实施教学评价的基础和获取评价依据的重要途径，是对课堂教学活动进行水平测量及事实判断过程；教学评价则是依据教学测量结果对教学事实进行分析、评判等价值判断过程，也是测量评价者开展教学测量活动的最终目的所在，因为对于教学测量获得的系列数量化结果如果不进行相应分析，评判则毫无意义。可以说，地理教学测量评价是教师地理教学工作内容的重要组成部分，它不仅贯穿于地理教学活动过程之中，而且广泛存在于地理教学活动过程之外。目前，人们对地理教学测量评价的分类及其结果多种多样，这是因为研究者所持分类依据不同其分类结果也就大不一样。但是，凡是通过纸和笔题测完成的教学测量评价，比如目前的地理考试、地理测验等都离不开教师的命题设计。

命题即出题，所谓地理教学命题设计，即是专门针对学生地理课堂教学学习结果所进行的考试、测验等题测方式的设计策划，是一项先于地理考试、测验等纸和笔题测过程的预设准备工作，是设计者为了提高自己组织开展地理考试、地理测验等教学测量评价水平，具体针对地理教学命题设计这种测量设

计技术，及其实施策略和设计方法本身而进行的一种周密考虑与细致安排。值得肯定的是，考试和测验既是传统教学测量使用的方法，也是目前常用的教学测量应用手段。古往今来凡是通过题测完成的考试、测验均离不开编制试题和制作试卷，因此命题设计无论过去还是现在都十分重要。地理教学命题设计水平直接影响其教学测量实施效果与教学评价作用发挥，它能够为教育行政管理部门和学校管理者检查、评判地理教学质量提供可能条件，又能够为授课教师不断改进自己教学实践活动提供重要依据。

2. 地理教学命题设计重要作用

地理教学命题设计是整个教学测量评价准备工作的核心与关键，是先于地理考试、测验等题测过程的预设策划，因此，其作用包含直接与间接两个方面，它除了通过试卷直接为题测过程提供教学测量手段，并优化具体考试、测验实施效果外，更多作用还有待题测实施过程来体现。地理教学命题设计所能产生的重要作用突出表现在以下五个方面：

一是反馈学生学习信息，改进教学实践过程。地理教学命题设计能够通过设计本身优化考试、测验效果和提高题测质量水平，从而获得正确的学生学习结果信息和发现存在的课堂教学问题，为授课教师进一步改进教学实践提供有针对性的措施依据。二是调控教学活动内容，促进学生全面发展。授课教师借助命题设计所获题测事实判断依据，便可以有针对性地调节自己后续教学活动内容和调整学生教学活动方式，从而尽快让学生达到教学目标要求和获得理想教学效果。三是甄别选拔应试考生，引导正确学习方向。由于考试、测验的甄别选拔功能是客观存在的，所产生的导向作用也是忽视不了的，因此命题设计者只能利用好这种功能，只能通过精心策划自己的命题设计，让题测过程较好地引导学生达到预定的教学目标要求。四是激励师生教学热情，增强自我完善动力。经过命题设计精心策划的考试、测验能够有效激励师生教学热情，因为考试、测验在很大程度上是对学生学习成果和教师工作成果的一种鉴定，无论学生还是教师都有获得最高评价和实现自身价值的强烈愿望，所以它能够有效增强学生与教师的自我完善动力。五是监督管理课程教学，提高学校办学质量。由于组织开展考试、测验本身也是学校监督管理课程教学极其重要的有效手段，通过强化命题设计的考试、测验能够为管理者提供正确信息，从而有效提高学校办学质量和确保学校办学方向。

二、地理教学测量评价命题设计的基本原则

命题设计原则是指导整个地理教学命题设计的基本原理，是命题者开展地理命题设计必须遵循的标准法则。地理命题设计者为提高自己的考试、测验等题测命题水平，需要认真遵循以下命题设计的基本原则。

1. 科学性原则

科学性原则是指地理教学命题设计所要达到的科学要求，即必须遵循地理教学目标要求和符合命题设计本身的内在规律。要求实施者在自己命题设计之中把握住以下具体要求：一是要求命题设计者通过认真把握教学目标要求做到不出偏题、怪题，不出与教学目标要求和学生实际水平不相适应的试题；二是要求教学测量评价者在考查学生知识基础上，注重测量他们对学习知识的理解、应用水平，并注意考察其理论联系实际和解决现实问题的能力；三是要求命题教师所命试题要明确、清晰，无任何科学性错误；四是要求所拟订的试题参考答案全面、准确，评分标准科学、客观；五是要求命题设计者确保考试、测验基本水平且难易适中，具有相应信度、效度、难度和区分度，从而有效提高整个地理课堂教学测量评价质量与水平。

信度、效度、难度、区分度是衡量教学测量试卷质量的重要指标，决定着整个地理教学测量评价基本成效。其中，信度、效度主要是针对考试或测验等题测试卷而言，难度、区分度则主要针对考试或测验等题测试题来讲。信度是指考试、测验等题测结果的稳定性与可靠性程度，即考试、测验结果是否真实，能否客观反映考生的实际水平；效度是指考试、测验等题测结果的准确性与有效性程度，即考试、测验结果是否达到了预期

测量目的；难度是指考试、测验等题测试题的难易程度，也是试题对应试者实际水平的适合程度，一般用答对人数与应试总人数的比值来表示，因此又称通过率，其公式为：P（难度）= R（答对人数）/N（应试人数）；区分度则是指考试、测验等题测试题对考生实际水平的区分程度，或是说对考生应试水平差异的具体鉴别能力，一般用符号 D 来表示，对于具有良好区分度的地理考试与地理测验来说，实际水平高的考生得分应该高，实际水平低的考生得分就应该低，因此区分度又称鉴别能力。

2. 可行性原则

可行性原则是指地理教学命题设计实施方案，即命题双向细目表制定及其各项指标设定的实际可能性与可操作性。由于教学测量评价即目前考试分为水平考试和选拔考试两大类型，不同性质的考试测验其命题设计的可行性要求完全不一样。对于基础教育学校进行的地理水平考试命题设计来说，由于要求确保大多数学生在按照《地理课程标准》要求和教学内容学习后达到合格以上水平，因此考试、测验等题测命题的测量评价指标设定都比较低；一般要求难度（预计通过率）P = 0.7 ~ 0.9，试题难易程度即易：中：难 = 6:3:1，分值比设定即基础知识、基本技能、理解应用比分为 7:2:1，试卷之中主观性试题与客观性试题比例要求为 6:4，试卷覆盖率超过 60% 即试卷内试题覆盖学生所学知识点的覆盖面要求达到 60% 以上。

对于我国基础教育学校实施的地理选拔考试命题设计来说，则要求特别突出考试、测验等题测命题设计的甄别选拔功能。由于这类考试其选拔人数决定着具体及格人数，因此无论考试还是测验其各项测量评价指标的设定一般都比较高，比如中考、高考等试卷中试题的难度（P）设置就特别高，一般要求预计通过率（P）要能够与最后招考人数即录取率相一致；而且要求考试、测验等题测试题必须具有较强的区分度，要能够使参加考试、测验的应试考生成绩从高分到低分拉开距离，从而才能有效达到选拔性考试的挑选目的。

3. 地理性原则

地理性原则是专门针对地理学科考试、测验等题测命题所提出的具体要求，是体现地理学科特点和地理命题设计所不同的独特方面。由于地理学科知识通常的表达方式是以图像为前提，通过地理图像分析、讲授地理知识，通过地理图像归纳、总结地理知识，最后又要求把学生所学地理知识附着在地理图像上，因此特别要求地理命题设计者一定要突出对地理综合性知识与重图性知识考查。要求地理命题设计试卷中一定要有考查地理图像内容的具体试题，比如填图题、绘图题、读图分析题等，且地理图像内容考查分数在考试、测验等题测试卷中所占比分要达到40%以上。当然，其中既包括填图题、绘图题、读图分析题等填绘题型本身应得分数，也包含其他题型之中以地理图像知识为基础测量评价考生的具体分数。

另外，地理教学命题设计还要求命题者在所设计与编制的考试、测验等题测试卷中，一定要有用于考查学生地理综合性思维能力的具体题型，即测试考生理论联系实际综合分析地理问题，或是解决复杂地理问题能力的主观性试题。这类试题一般直接称之为综合题或是综合论述题、探究题等，但由于此类试题往往难度都比较大，而且所需答题时间也比较长，或是说试题测量所涉及的地理知识点较多且覆盖面比较广，知识跨度一般也比较大，纵横联系性还比较强；所以此类试题在题测试卷中的设计与安排不宜过多，特别在水平考试、测验中更不能多，否则会大大影响考生的实际通过率即降低学生及格人数。

4. 导向性原则

导向性原则是对教学测量评价功能发挥的具体规范，也是对地理考试、测验等题测命题设计的方向性要求。即要求地理命题设计者坚持正确的教学测量评价导向，通过精心设计命题试卷把学生学习或是选拔活动引导到正确轨道，避免教学测量评价误导学生学习行为和误导学校办学方向。多年来由于受考试、测验本身的甄别选拔功能作用驱使，特别是中国传统教学测量评价已形成的强大习惯势力影响，我国考试、测验始终像一根"指挥棒"一样具有较强导向性,直接影响着地理教育发展方向与学生学习内容选择,即考什么、教师就教什么、学生就学什么,因此,要求地理命题设计者一定要设法在各项命题设计中,在所涉及的全部事实判断与价值判断过程中,正确体现地理课堂教学测量评价目标与标准要求;也就是说要求命题设计者注意发挥利用命题设计的导向性功能,完善对学习学生和地理课程的教学测量评价任务,从而使整个教学测量评价既符合社会发展和学校办学需要,又能满足学生学习的个人成长需求。

我国新一轮基础教育课程改革重新定义与规范了课程教学测量评价目的、标准和任务。新颁布的《地理课程标准》在充分强调教学测量评价激励、发展功能基础上,一改以往侧重对学生地理知识的理解和记忆,以及单纯依靠考试成绩甄别选拔学生的片面做法,综合考虑了学生在知识与技能、过程与方法、情感态度与价值观方面的目标任务。因此,要求地理教学命题设计充分体现新的教学测量评价目的、标准和任务,按照《地理课程标准》要求去培养学生的创新精神与实践能力,避免以往大量的以"死记硬背"为突出特点的考题出现,通过充分发挥地理考试、测验的正确导向性促进学生全面发展。

5. 公正性原则

公正性原则是对命题者命题设计行为的基本规范,要求地理教学命题设计认真做到公平、客观、正确。由于地理课堂教学命题设计根本目的在于通过精心设计,使考试、测验等题测过程查找出学生优点与缺点,从而激励学生不断努力学习和促进学生个体全面发展。因此,地理命题设计者一定要以教学测量评价标准为依据,体现真理面前的人人平等与一视同仁,根据学生实际情况作出客观准确的教学测量设计;一定要"秉公办事"不心存个人私心杂念,根据学生客观实际通过考试、测验手段作出对学生的公正性评价,从而体现地理课堂教学命题设计的良好愿望与重要作用。再有,要求地理命题设计者一定要把握好教学测量评价标准,决不出偏题、怪题糊弄学生,更不能凭借自己主观臆断或喜恶爱憎随意作出对学生的不公正评价。否则，地理命题设计不仅实现不了新课程教学测量评价的良好愿望，反而会因学生消极情绪产生而严重挫伤他们的学习积极性，反而会因打破了学生心理平衡而影响他们心理健康与学习进步。

三、地理教学命题设计的常用题型与要求

1. 选择题

选择题是一种典型的客观性试题，是基础教育学校地理标准化考试、测验广泛使用的一种题型。选择题命题方式比较简单，但是编制比较费时，一般由一个"题干"和几个专供选择的"选项"组成，本身又可分为单项选择题、多项选择题和综合选择题等；一般要求设计者在"题干"中提出一个地理问题，或是写出一段不完整的地理陈述句内容，然后要求考生在给出的几个专供选择的"选项"中寻找问题答案，并让学生将其中正确的或是错误的挑选出来。选择题的突出优点在于测量内容广泛且考查客观性较强，试题指导语明确而且答案确定具有唯一性；另外，选择题评分比较客观、准确，作答也节省时间。缺点是此类试题测量不出学生分析、陈述地理问题的能力水平；再有，选择题对"选项"答案的设计要求比较高，要求所提供的各备选答案要具有一定迷惑性，目的在于迷惑那些仅凭猜测作答无法确定正确答案的考生，从而测量出应试者对地理问题的理解、分析深度，考查出考生比较、判断、辨别地理问题的能力水平，以及考生地理学习思维的敏捷、准确程度等。

设计案例一：单项选择题（以下各题选项之中只有一个正确答案，请选择正确答案，并将正确答案的字母代号填写在相应题后括号内）

9. 非洲大陆分布最广的气候类型是（　　）
　　A. 热带雨林气候　　　　B. 热带草原气候
　　C. 热带沙漠气候　　　　D. 地中海式气候
10. 关于日本的以下地理叙述，正确的是（　　）

A. 日本是太平洋东岸的群岛国家
B. 日本群岛位于亚欧板块与太平洋板块交界部位，地壳很不稳定
C. 日本矿产、森林和水力资源丰富
D. 日本国内石油主要来自中国和东南亚

设计案例二：选择题（日本大地震引发海啸，引起核泄漏。请阅读下图，根据图示信息完成1~2题。）

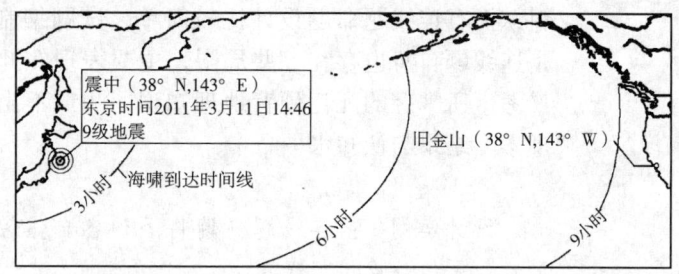

1. 海啸到达旧金山沿岸时，当地时间（旧金山采用的时间是当地所在区的区时）可能是：（　　）
   A. 3月10日21~22时　　B. 3月11日7~8时
   C. 3月11日12~14时　　D. 3月12日7~8时
2. 震后两日，灾区天气转阴并降雪，真是"雪上加霜"。下列关于灾区气候类型、降雪天气系统及风向的对应，正确的一组是（　　）
   A. 温带季风气候—冷锋—西北风
   B. 温带季风气候—暖锋—东南风
   C. 温带大陆性气候—气旋—无风
   D. 亚热带季风气候—冷锋—西北风

（资料来源：云南省玉溪市高中文科综合能力测试试卷）

2. 连线题

连线题又称匹配题，实际就是一种经过改造了的选择题，是基础教育学校地理标准化考试、测验中使用的一种客观性试

题。连线题具有多"题干"与多"选项"特点，传统连线题一般由两列组成甚至是三列组成，即把一系列的"题干"列成一列，再把所有配备的"选项"列成一列或是两列，要求所有"选项"均构成对每一"题干"的拟真项；然后要求考生在众多"选项"中找寻适合的匹配选项，并要求用线条把认为匹配正确的"选项"与"题干"连接起来。连线题突出优点在于设计形式紧凑，能够同时测量考生对多个地理知识内容的记忆与联结水平，能够在短时间内测量考生所掌握的大量相关事实材料；再有连线题命题设计比较简单，试题编制也比较容易。但是连线题自身也存在一些局限，主要表现在此类试题只限于测量考生所掌握的死记硬背地理知识，测量不出学生高层次的地理学习结果与认知水平。

设计案例一：连线题（请将下列各自然带与其各带代表性动物，用线条连接起来）

热带雨林带　　　　　　　　　驯鹿
热带草原带　　　　　　　　　单峰骆驼
热带沙漠带　　　　　　　　　猩猩、河马
温带沙漠带　　　　　　　　　北极熊、企鹅
温带草原带　　　　　　　　　斑马、长颈鹿
温带阔叶林带　　　　　　　　黄羊
亚寒带针叶林带　　　　　　　熊猫、梅花鹿
苔原带　　　　　　　　　　　双峰骆驼
冰原带　　　　　　　　　　　熊、松鼠

设计案例二：连线题（请将下列省级行政单位与其简称、行政中心，用线条连接起来）

北京市　　　　　　宁　　　　　　北京
云南省　　　　　　云或滇　　　　昆明
宁夏回族自治区　　京　　　　　　银川
福建省　　　　　　皖　　　　　　福州
山东省　　　　　　鲁　　　　　　济南
安徽省　　　　　　闽　　　　　　合肥

广西壮族自治区	新	南宁
上海市	沪或申	上海
新疆维吾尔自治区	桂	乌鲁木齐
甘肃省	甘或陇	兰州

3. 判断题

判断题又称是非题，同样是基础教育学校地理考试、测验之中常用的一种客观性试题。判断题一般只是由一个独立的地理陈述句构成，要求考生根据题意作出具体真假、是非、对错判断。也就是说，判断题所判断的答案结果始终只会有两种可能，即真与假、是与非、对与错等；其主要功能在于测量考生对地理陈述句正确性的具体认识，当然有时也能够用来测量学生对一些简单地理问题的逻辑关系认识。此类陈述句正确性的判断内容一般包括地理事实内容和术语定义，以及地理原理表达、概念表述等正确性判断。判断题的突出优点在于命题设计与试题编制都比较容易，教师评分、计分也比较客观，命题取样范围比较广泛，即陈述句正确性判断能够涉及学生多种简单的地理学习结果。缺点是此类试题难于测量出考生对比较复杂的高层次地理学习结果认识水平，且考生正确性判断行为往往带有难于避免的猜测性因素影响。

设计案例：判断题：（请在下列各相应题括号内做出相应正误判断，正确的打"√"，错误的打"×"）

（　　）1. 由于地球的自转运动，使人类地球表面产生了独特的昼夜更替与四季变化现象。

（　　）2. 由于地球是一个巨大的球体，因此地表不同纬度地带太阳高度角不一样，呈现由低纬地区向高纬地区不断减小的变化规律。

（　　）3. 地图比例尺有大有小，例如 1/1000000 和 1/5000 两种比例尺，前者为大比例尺，后者为小比例尺。

（　　）4. 某一地点海拔，总是要大于它与另外地点的相对高度。

　　　　（　　）5. 在带有指向标的地图上判别方向，应根据指向标的箭头指向来确定方向。
　　　　（　　）6. 地理事物在地图上是通过各种各样符号表示出来的，比如河流、山脉、城市、铁路等，这些表示符号统称为注记。
　　　　（　　）7. 天气是指一个地方短时间内风雨、阴晴、冷热等大气状况。
　　　　（　　）8. 陆地表面一天的最高气温一定出现在中午12点，因为此时的太阳高度角最大。
　　　　（　　）9. 一天中最高气温与最低气温之差，称为气温日较差。
　　　　（　　）10. 降落到地面的雨、雪、冰雹和霜，统称为降水。

4. 填空题

　　填空题也是基础教育学校地理标准化考试、测验之中广泛使用的一种客观性试题。填空题命题方式比较简单且容易编制，一般是写出一个不完整的地理陈述句，在陈述句重要与关键处用线条画出一处或几处不等的空格线，要求考生根据题意将陈述句空缺的字、词、句补填在空格线上，从而使其成为一个正确的地理完整句。填空题主要功能在于测量考生的地理记忆能力，该题型考查内容与命题取样范围都比较广泛，并可有效提高地理命题设计试卷效度，避免考生通过乱猜测获得正确答案的可能性。但是，这种题型在命题设计方面具有较强条件性，要求设计者要确保空格线上所填补内容具有唯一性；而且测量内容多以记忆性地理知识为主，也容易造成学生死记硬背教材的种种弊端。

　　设计案例一：填空题

　　3. 地球不停地围绕_____旋转称为自转，地球不停地围绕_____旋转又被称为公转。

　　4. 根据人们计算，地球表面_____%是海洋，陆地面积仅占_____%。

5. _____是世界上使用人数最多的语言，_____是世界上使用范围最广的语言。

6. 亚洲的_____、_____和_____是世界上人口稠密地区。

设计案例二：填空题

1. 我国共有_____个民族，其中少数民族有_____个，主要分布在我国的、_____、_____地区。

2. 我国地势西高东低，呈阶梯状变化。其中二、三级阶梯的分界线大致经过_____、_____、_____和_____。

3. 我国最长的内流河是_____，最大的淡水湖是_____，最大的咸水湖是_____。

4. 香港位于_____口东侧，由_____、_____和_____三部分组成。1997年回归祖国建立了_____。

5. 名词解释题

名词解释题又称概念解释题，是基础教育学校地理标准化考试、测验之中常用的一种简单形式的主观性试题。名词解释题命题方式比较简单，设计编制也比较容易，命题设计者只要直接提供一个考查用的重要地理名词或是重要地理概念即可；另外，考生作答也比较方便，一般只要在名词、概念后面或是下方作出具体解释就可以。名词解释题主要功能在于测量考生对一些重要地理名词、地理概念或是术语的掌握情况，其命题取样范围基本就局限于名词、概念范围之中；名词解释题测量评价结果能够适当涉及考生的一些认识性观点，为此教师评分、计分也不是太容易，但是这种题型很难获得学生更多的主观性认识结果，并容易让那些对学习要求不高的学生形成死记硬背教材的习惯。

设计案例一：名词解释题
1. 本初子午线

2. 海拔

设计案例二：名词解释题
1. 北京时间

2. 板块构造学说

6. 填绘题

  这里所说填绘题即是对填图题、绘图题和读图分析题等题型的统称，地理命题设计之中设计者可综合起来使用也可以单独分开来使用。填绘题既是地理学科教学测量评价的特有题型，也是基础教育学校地理标准化考试、测验试卷之中一种常用试题；填绘题命题方式以图为基础且图文结合，命题设计比较复杂且编制难度也比较大，即试题既涉及文字编排内容，又离不开对图像的填绘和读图分析，其教学测量常常涉及多个知识点，并且知识跨度较大和纵横联系性较强，它要求考生根据题意在分析基础上在图中或是图外作答。填绘题主要功能在于测量考生对地理学科特有的比较复杂的高级学习结果与认识水平，能够考查学生所形成的地理空间观念、读图用图能力和读图分析能力，以及学生动手填绘地图的基本能力，并能够有效提高地理标准化考试、测验的信度与效度。

  设计案例一：读图分析题（以下是沿北回归线所绘制的台湾岛地形剖面图，请读图回答下列问题）：

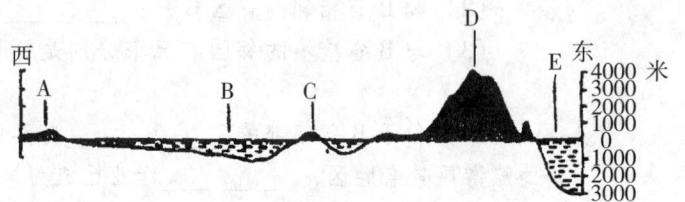

(1) B 为_____海峡，A 是与台湾省隔海相望的_____省，D 为台湾最高的山脉玉山。

(2) 从图中可以看出台湾省的地形以山地为主，平原集中分布在台湾_____（东部沿海地区或西部沿海地区）。

(3) 台湾的少数民族以_____族居多，台湾最大的港口是_____。

设计案例二：读图分析题（阅读以下文字材料与局部地图，分析回答相应地理问题）

阅读材料：三江并流指发源于青藏高原的怒江、金沙江（长江上游）和澜沧江（湄公河上游），这三条大江在中国云南省西北部迪庆藏族自治州及怒江傈僳族自治州境内穿过横断山脉高大的云岭、怒山、高黎贡山中幽深的峡谷，形成了并行奔流数百千米而不交汇的自然奇观，是中国境内面积最大的世界遗产地。

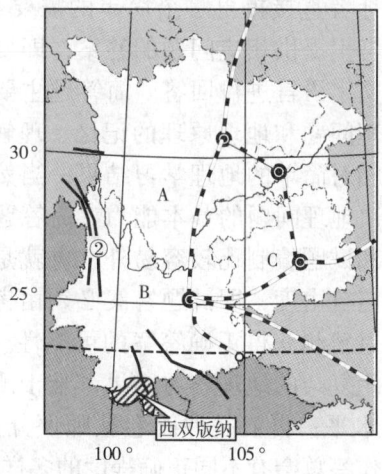

（1）B 行政中心位于_____。
（2）和 B 省相邻的省区 C 是：_____。
（3）与 B 省接壤的邻国有三个分别是缅甸、老挝、_____。
（4）位于 B 省南部的_____自然保护区是该省重要的旅游风景名胜区，_____产业已成为该省的支柱产业。
（5）图中②区域地处我国的_____山区，蕴藏有丰富的_____资源。
（6）某同学假期要从 B 省行政中心到 A 省区的成都旅游，选择交通方式为火车，请问应乘坐哪条铁路线最适合？_____。
（7）三江并流地区大规模的水电开发是否利于生态环境保护？（   ）（是或否）

（资料来源：云南省玉溪市八年级地理学业水平考试试卷）

7. 简答题

简答题是基础教育学校地理考试、测验中广泛使用的一种主观性试题。简答题命题方式比较简单，试题编制也比较容易，通常由设计者直接提出一个简单的需要考生回答的地理问题，然后要求考生提供相应问题的答案，即要求考生根据题意用简明扼要的文字语言进行回答。简答题主要功能在于测量考生对一般性地理问题和地理原理的记忆、理解水平，即适用于测量学生各种相对简单的地理学习结果；当然有时也可测量出考生分析、解决地理问题的基本能力。简答题突出优点除命题方式比较简单和试题编制比较容易外，再就是考生作答具有较大灵活性和一定自由度，即试题答案必须由考生提供，它大大减少了学生通过猜测获得正确答案的可能性。但是，此类试题不适合测量考生复杂的地理学习结果，难于测量出学生较高层次的地理认知水平；再就是评阅卷教师评分、计分难度会大一些，因为考生作答总会有不同正确程度的多样化答案出现。

设计案例一：简答题（用简明扼要语言回答下列各题所提出的问题）

1. 我国地理位置都有哪些突出特点？

2. 中国现行行政区划是怎样划分的，都有哪些省级行政单位？

3. 我国都有哪些温度带和干湿地区？

4. 中国地形都有哪些突出特征？

设计案例二：简答题（用简明扼要语言回答下列各题所提出的问题）

1. 如何辨别地图上的方向？

2. 亚洲与欧洲分界线都经过哪些地方？

3. 天气和气候都有哪些区别与联系？

4. 世界人口主要集中分布在哪些地带，为什么？

8. 综合题

综合题因其测量涉及的知识点范围广、跨度大和纵横联系强等特点，成为了基础教育学校地理考试、测验中难度较大的一种主观性试题。综合题命题方式比较复杂，试题编制难度也比较大，通常是向考生提出一个较为复杂的地理问题，然后要求考生根据题意做出具体的分析、推理、论证、评价，并得出具体的分析结论或是提出自己观点看法。综合题主要功能在于测量考生综合的地理学习结果，即学生综合应用多方面知识分析解决地理问题的基本能力，能够培养学生的综合思维能力、解决复杂问题能力和想象创新精神，能够有效提高地理标准化考试、测验的信度与效度，并能够在作答之中给予考生独立思考、自由发挥和自由回答机会。但是，这种试题对评阅卷教师本身的素质要求很高，评阅卷难度也比较大，教师评分、计分也难于避免掺杂个人的主观因素。

设计案例一：综合题（阅读以下两组材料，回答相应问题。共20分）

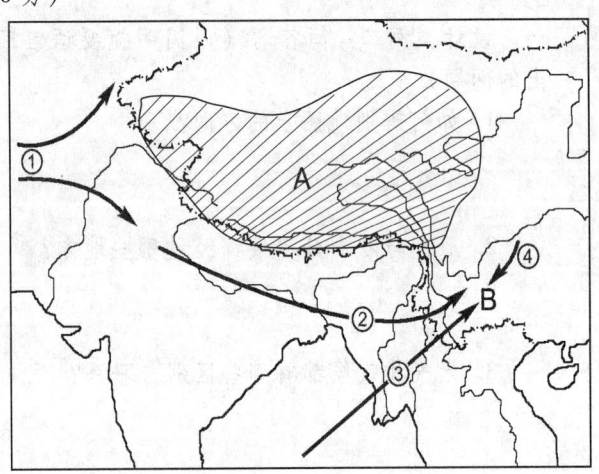

材料一 2009年秋季至2010年春季，我国西南地区降水同比大减，以致发生了百年一遇的特大干旱。气象专家解释说，这次干旱与冷空气势力弱有关。

材料二 冬半年，西风气流受下图中A地形区的阻挡，分为南支气流和北支气流。夏半年，B地区主要受西南季风的影响。

（1）回答表格中所列问题。（10分）

A 地形区的名称	
B 地形区的名称	
②与③相比，温暖湿润的是	
材料一中的"冷空气"指的是（代码）	
冷空气弱，使 B 地区难以形成的锋面名称是	

（2）比较 B 地形区主要两省气候上的异同。（10 分）

设计案例二：综合题（结合以下所提供的两组材料，读图回答下列问题，共 36 分）

材料一　温哥华是加拿大冬季温暖的港口城市，是通往亚太地区的门户。自 20 世纪末以来，随着亚太地区经济的快速发展，加拿大中东部农矿产品的出口越来越倚重温哥华港。

材料二　西雅图是美国飞机制造业的基地，波音公司举世闻名。由波音公司与中国航空工业集团公司合资的新厂已经在天津落成。目前，天津是世界第四大飞机总装线城市，它将借鉴西雅图发展航空产业的经验，努力打造"中国的西雅图"。

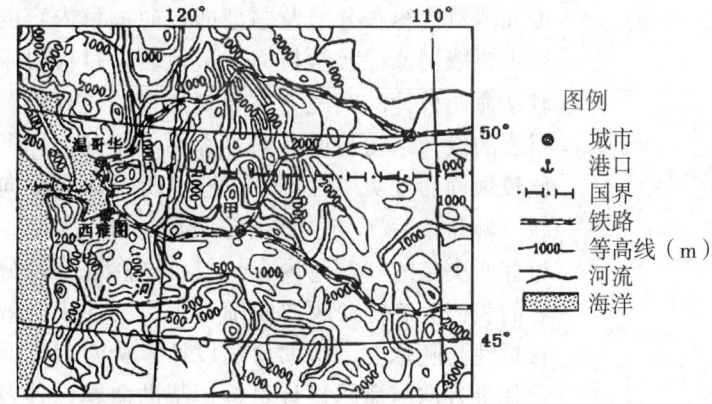

（1）解释温哥华冬季较本国多数城市温暖的原因。(8 分)

（2）分析加拿大农矿产品的出口倚重温哥华港的原

因。(8分)

(3) 说明美国波音公司与我国合资在天津建厂的主要区位因素。(8分)

(4) 指出L河甲点以上河段流域综合开发整治的主要方向，并说明理由。(12分)

(资料来源：云南省玉溪市高中文科综合能力测试试卷)

四、地理教学命题设计的基本步骤与方法

1. 制定"命题双向细目表"

命题双向细目表又称命题计划表，是一种包含两个具体维度如测量内容和分值及题型即双向细目内容的计划表格，其内容主要依据课程教学目标与单元教学目标要求制定，它是地理教学命题设计的实施方案与规划蓝图。目前，我国命题双向细目表的设计结构与设计内容都不尽相同，许多双向细目表设计比较烦琐而且实用性不大；这里所说命题双向细目表是突出反映"测量内容"与"试卷题型及分值"关系，主要呈现由教学目标所决定的"测量内容"与"试卷题型及分值"两个维度内容的表格。制定命题双向细目表目的在于有效避免命题设计的盲目性与随意性，帮助命题设计者从宏观方面明确自己教学测量评价方向与命题设计目标；帮助命题设计者有效把握试卷性质、测量内容重点和试题难易程度，以及试卷题型、试题比例、分值权重等，能够使设计者有目的和有计划地选择题型、设计试题、编制试卷，从而有效提高地理教学命题设计的科学化、规范化水平。

地理教学命题双向细目表编制有其步骤与方法。首先，命题设计者需要弄清楚自己测量评价的题测性质与试题难易程度，即是进行水平考试命题还是选拔考试命题，由于测量评价性质不同其试题难易程度与预计通过率设定也就完全不一样，这些基本信息一般还需要在表格之中或是之外表明。其次，要确定具体命题设计范围和测量评价内容，即弄清楚考试、测验所测量的教学单元（章节）和知识点数量，并把具体测量单元（章节）内容注明在"测量内容"之中，比如是进行期中考试、期末考试还是单元测验，因为命题范围不同所涉及的测量单元（章节）与测量知识点数量就不同。最后，要求设计者严格依据教学目标要求确定各测量单元（章节）考查内容权重，并为各测量知识点选择适宜题型和确定适当分值，因为各测量单元（章节）教学目标要求存在差异需要妥善决定其测量权重，又因为各测量知识点性质存在差异必须为其妥善选择题型与确定分值。

设计案例：××年级期末考试（××测验）命题双向细目表

测量内容	试卷题型及分值						总分
	选择题	填空题	填绘题	简答题	综合题	……	
第一章×××	2	4		4			15
第二章×××	2	6		6	2		20
第三章×××	6	4	7		8		25
……							
总分	20	15	25	20	10		100

注：试卷性质：水平考试；试题难易程度：易：中：难＝6:3:1；预计通过率：P≥0.85

2. 进行具体地理命题

进行具体地理命题即开始设计编制具体测量试题，这是整个地理教学命题设计工作的关键阶段。因为制订"命题双向细目表"最终目的还在于提高试题的设计与编制水平，至于"试题精选与试卷合成"更是在试题设计与编制基础上完成的工作。当命题设计者通过"命题双向细目表"明确了测量评价方向与命题设计目标，确定了命题设计规划蓝图与具体测量题型及分值后，便可围绕教学测量评价重点和结合各单元（章节）具体考查内容，展开有目的、有计划的试题设计与编制工作。由于试题设计与编制直接影响教学测量实施效果和教学评价作用发挥，因此要求命题设计者在进行具体地理命题过程中注意以下基本要求：一是准确把握命题设计原则，避免偏题、怪题出现。命题设计原则是指导试题设计与编制工作的基本原理，是设计者进行命题设计必须遵循的标准法则，它不仅能够解决命题设计的系列方向性问题，而且能够有效规范许多命题设计实施行为，使整个试题设计与编制能够贴近教学要求和学生实际水平，即有效避免教学测量的偏题、怪题出现，从而增强地理考试、测验信度与效度。二是注意掌握试题难易程度，有效增强试题区分度。命题设计者要让每一试题都能区分所有考生的认知水平差异是不可能做到的，但通过全部试题把不同学习水平考生都区别出来则是能够做到的，为此命题设计者要在掌握试卷性质所规定的难易程度要求下，尽可能地扩大、增强试题的区分度。三是规范各题型命题方式要求，认真提炼试题表述用语。采用纸和笔进行题测的标准化考试、测验本身要求使用多种测量题型，要求注意规范各种测量题型的表达方式，并要求试题文字语言表述明确、具体、简练、通畅，否则会让应试考生莫名其妙，难于作答。

3. 试题精选与试卷合成

地理命题设计者在完成了对试题的具体设计与编制工作之后，便可进入"试题精选与试卷合成"阶段。所谓试题精选与试卷合成，是指命题设计者通过对各试题的进一步审核、修改，从众多备选试题中挑选出最能反映教学目标要求的试题，并按"命题双向细目表"所示测量内容、题型、分值等规定进行试题组合，最后形成一份完整试卷的工作过程。由于在具体试题设计与编制过程中，命题设计者常常针对某一测量知识点需要设计出多个备选试题，因此这里有必要根据教学目标要求和命题设计规划蓝图进行试题精选，有必要进一步审核具体的试题难易程度及权重，并进一步检查题型命题方式和提炼试题表述文字等。

地理教学命题设计的试卷组合编排则要求严格按照"命题双向细目表"规定执行。一般以题型为顺序，先易后难、先客观题后主观题、先短答案题后长答案题；另外，针对试卷合成所进行的审核、修改，主要是检查试卷题型、试题编排是否合理，试卷题型与试题文字表达是否明确、具体、科学，试卷试题分值设定是否合理，整个试卷题量是否得当等。地理命题设计者在完成了对以上审核、修改，以及试题精选工作之后即可合成一份完整试卷。

4. 拟订参考答案与评分标准

拟订参考答案与评分标准是地理教学命题设计工作的最后阶段，也是命题设计者往往最容易忽视的一个设计环节。在许多命题设计者看来试卷合成即大功告成，因此往往不太注意和重视之后的最后收尾工作；实际上"拟订参考答案与评分标准"关乎整个教学命题设计质量，直接影响后续教学评价的客观、公正、准确和完整，为此设计者应给予充分重视并认真做好这项工作。可以说，拟订参考答案对于试卷的客观性试题和主观性试题来说都一样重要，都需要命题设计者紧扣试题使之符合教学目标要求。虽然拟订主观性试题参考答案不可能达到客观性试题那样的具体、准确、完整，但也需要设计者在仔细分析题意基础上整理出相应答题的层次要求，这样才能有效避免阅卷教师评分、计分时受到更多的主观因素影响。至于命题设计评分标准制订则要求做到客观公正、准确无误、具体细致，要注意标明答案各层次分值和注意说明答案具体评分要求；另外，试题赋分可采用人们通常使用的难度赋分方法和时间赋分方法，即试题难度较大和答题所需时间较长试题分值应大一些，试题难度较小和答题所需时间较短试题分值应该小一点。

五、设计训练要求

1. 请依据以下材料分析回答相应三方面问题

分析材料：王老师与张老师都是教书多年的老教师，他们同在当地一所普通中学教书，但常常教的不是同一个年级的学生。一次王老师负责了该校七年级期中考试的命题设计工作，考试结束以后他所教班级考生个个及格，并且绝大部分学生卷面考试成绩都在80~90分之间。恰巧张老师此次也同样负责完成该校八年级学生的期中考试命题制卷工作，但考试结果却是全年级考生卷面成绩都普遍偏低，特别是他所教班级学生竟然有三分之二不及格。两位教师后来凑在一起都对自己命题设计有说法，王老师总是认为自己教学水平和命题设计水平高，所以才有这样的好结果；张老师则总是强调自己是严格要求学生，虽然及格人数是少了一点，但对学生结业考试是有利的。

回答问题：
（1）两位教师命题设计所涉及的考试都是什么性质考试？
（2）你是否赞同两位教师或是其中一位教师对自己命题设计结果的分析评价，为什么？
（3）如果你否定两人或是其中一人的命题设计与评价观点，请明确指出其存在问题的症结究竟在哪里，并提出自己解决问题的具体做法。

2. 编制试卷

依据地理教学测量评价命题设计基本原则和命题设计基本步骤与方法，结合普通高中地理教材和义务教育地理教材以及命题设计常用题型与要求，分别设计编制一套完整的普通高中与义务教育期中或是期末地理考试试卷。（要求：所做命题设计内容包括命题双向细目表、地理试卷、参考答案与评分标准等，并要求用打印机分别打印出来）

附录一　基础教育课程改革纲要（试行）

改革开放以来，我国基础教育取得了辉煌成就，基础教育课程建设也取得了显著成绩。但是，我国基础教育总体水平还不高，原有的基础教育课程已不能完全适应时代发展的需要。为贯彻《中共中央国务院关于深化教育改革全面推进素质教育的决定》（中发〔1999〕9号）和《国务院关于基础教育改革与发展的决定》（国发〔2001〕21号），教育部决定，大力推进基础教育课程改革，调整和改革基础教育的课程体系、结构、内容，构建符合素质教育要求的新的基础教育课程体系。

新的课程体系涵盖幼儿教育、义务教育和普通高中教育。

一、课程改革的目标

1. 基础教育课程改革要以邓小平同志关于"教育要面向现代化，面向世界，面向未来"和江泽民同志"三个代表"的重要思想为指导，全面贯彻党的教育方针，全面推进素质教育。

新课程的培养目标应体现时代要求。要使学生具有爱国主义、集体主义精神，热爱社会主义，继承和发扬中华民族的优秀传统和革命传统；具有社会主义民主法制意识，遵守国家法律和社会公德；逐步形成正确的世界观、人生观、价值观；具有社会责任感，努力为人民服务；具有初步的创新精神、实践能力、科学和人文素养以及环境意识；具有适应终身学习的基础知识、基本技能和方法；具有健壮的体魄和良好的心理素质，养成健康的审美情趣和生活方式，成为有理想、有道德、有文化、有纪律的一代新人。

2. 基础教育课程改革的具体目标：

改变课程过于注重知识传授的倾向，强调形成积极主动的学习态度，使获得基础知识与基本技能的过程同时成为学会学习和形成正确价值观的过程。

改变课程结构过于强调学科本位、科目过多和缺乏整合的现状，整体设置九年一贯的课程门类和课时比例，并设置综合课程，以适应不同地区和学生发展的需求，体现课程结构的均衡性、综合性和选择性。

改变课程内容"难、繁、偏、旧"和过于注重书本知识的现状，加强课程内容与学生生活以及现代社会和科技发展的联系，关注学生的学习兴趣和经验，精选终身学习必备的基础知识和技能。

改变课程实施过于强调接受学习、死记硬背、机械训练的现状，倡导学生主动参与、乐于探究、勤于动手，培养学生搜集和处理信息的能力、获取新知识的能力、分析和解决问题的能力以及交流与合作的能力。

改变课程评价过分强调甄别与选拔的功能，发挥评价促进学生发展、教师提高和改进教学实践的功能。

改变课程管理过于集中的状况，实行国家、地方、学校三级课程管理，增强课程对地方、学校及学生的适应性。

二、课程结构

3. 整体设置九年一贯的义务教育课程。

小学阶段以综合课程为主。小学低年级开设品德与生活、语文、数学、体育、艺术（或音乐、美术）等课程；小学中高年级开设品德与社会、语文、数学、科学、外语、综合实践活动、体育、艺术（或音乐、美术）等课程。

初中阶段设置分科与综合相结合的课程，主要包括思想品德、语文、数学、外语、科学（或物理、化学、生物）、历史与社会（或历史、地理）、体育与健康、艺术（或音乐、美术）以及综合实践活动。积极倡导各地选择综合课程。学校应努力创造条件开设选修课程。在义务教育阶段的语文、艺术、美术课中要加强写字教学。

4. 高中以分科课程为主。为使学生在普遍达到基本要求的前提下实现有个性的发展，课程标准应有不同水平的要求，在开设必修课的同时，设置丰富多样的选修课程，开设技术类课程。积极试行学分制管理。

5. 从小学至高中设置综合实践活动并作为必修课程，其内容主要包括：信息技术教育、研究性学习、社区服务与社会实践以及劳动与技术教育。强调学生通过实践，增强探究和创新意识，学习科学研究的方法，发展综合运用知识的能力。增进学校与社会的密切联系，培养学生的社会责任感。在课程的实施过程中，加强信息技术教育，培养学生利用信息技术的意识和能力。了解必要的通用技术和职业分工，形成初步技术能力。

6. 农村中学课程要为当地社会经济发展服务，在达到国家课程基本要求的同时，可根据现代农业发展和农村产业结构的调整因地制宜地设置符合当地需要的课程，深化"农科教相结合"和"三教统筹"等项改革，试行通过"绿色证书"教育及其他技术培训获得"双证"的做法。城市普通中学也要逐步开设职业技术课程。

三、课程标准

7. 国家课程标准是教材编写、教学、评估和考试命题的依据，是国家管理和评价课程的基础。应体现国家对不同阶段的学生在知识与技能、过程与方法、情感态度与价值观等方面的基本要求，规定各门课程的性质、目标、内容框架，提出教学和评价建议。

8. 制定国家课程标准要依据各门课程的特点，结合具体内容，加强德育工作的针对性、实效性和主动性，对学生进行爱国主义、集体主义和社会主义教育，加强中华民族优良传统、革命传统教育和国防教育，加强思想品质和道德教育，引导学生树立正确的世界观、人生观和价值观；要倡导科学精神、科学态度和科学方法，引导学生创新与实践。

9. 幼儿园教育要依据幼儿身心发展的特点和教育规律，坚持保教结合和以游戏为基本活动的原则，与家庭和社区密切配合，培养幼儿良好的行为习惯，保护和启发幼儿的好奇心和求知欲，促进幼儿身心全面和谐发展。

义务教育课程标准应适应普及义务教育的要求，让绝大多数学生经过努力都能够达到，体现国家对公民素质的基本要求，着眼于培养学生终身学习的愿望和能力。

普通高中课程标准应在坚持使学生普遍达到基本要求的前提下，有一定的层次性和选择性，并开设选修课程，以利于学生获得更多的选择和发展的机会，为培养学生的生存能力、实践能力和创造能力打下良好的基础。

四、教学过程

10. 教师在教学过程中应与学生积极互动、共同发展，要处理好传授知识与培养能力的关系，注重培养学生的独立性和自主性，引导学生质疑、调查、探究，在实践中学习，促进学生在教师指导下主动地、富有个性地学习。教师应尊重学生的人格，关注个体差异，满足不同学生的学习需要，创设能引导学生主动参与的教育环境，激发学生的学习积极性，培养学生掌握和运用知识的态度和能力，使每个学生都能得到充分的发展。

11. 大力推进信息技术在教学过程中的普遍应用，促进信息技术与学科课程的整合，逐步实现教学内容的呈现方式、学生的学习方式、教师的教学方式和师生互动方式的变革，充分发挥信息技术的优势，为学生的学习和发展提供丰富多彩的教育环境和有力的学习工具。

五、教材开发与管理

12. 教材改革应有利于引导学生利用已有的知识与经验，主动探索知识的发生与发展，同时也应有利于教师创造性地进行教学。教材内容的选择应符合课程标准的要求，体现学生身心发展特点，反映社会、政治、经济、科技的发展需求；教材内容的组织应多样、生动，有利于学生探究，并提出观察、实验、操作、调查、讨论的建议。

积极开发并合理利用校内外各种课程资源。学校应充分发挥图书馆、实验室、专用教室及各类教学设施和实践基地的作用；广泛利用校外的图书馆、博物馆、展览馆、科技馆、工厂、农村、部队和科研院所等各种社会资源以及丰富的自然资源；积极利用并开发信息化课程资源。

13. 完善基础教育教材管理制度，实现教材的高质量与多样化。

实行国家基本要求指导下的教材多样化政策，鼓励有关机构、出版部门等依据国家课程标准组织编写中小学教材。建立教材编写的核准制度，教材编写者应根据教育部《关于中小学教材编写审定管理暂行办法》，向教育部申报，经资格核准通过后，方可编写。完善教材审查制度，除经教育部授权省级教材审查委员会外，按照国家课程标准编写的教材及跨省使用的地方课程的教材须经全国中小学教材审查委员会审查；地方教材须经省级教材审查委员会审查。教材审查实行编审分离。

改革中小学教材指定出版的方式和单一渠道发行的体制，严格遵循中小学教材版式的国家标准。教材的出版和发行试行公开竞标，国家免费提供的经济适用型教材实行政府采购，保证教材质量，降低价格。

加强对教材使用的管理。教育行政部门定期向学校和社会公布经审查通过的中小学教材目录，并逐步建立教材评价制度和在教育行政部门及专家指导下的教材选用制度。改革用行政手段指定使用教材的做法，严禁以不正当竞争手段推销教材。

六、课程评价

14. 建立促进学生全面发展的评价体系。评价不仅要关注学生的学业成绩，而且要发现和发展学生多方面的潜能，了解学生发展中的需求，帮助学生认识自我，建立自信。发挥评价的教育功能，促进学生在原有水平上的发展。

建立促进教师不断提高的评价体系。强调教师对自己教学行为的分析与反思，建立以教师自评为主，校长、教师、学生、家长共同参与的评价制度，使教师从多种渠道获得信息，不断提高教学水平。

建立促进课程不断发展的评价体系。周期性地对学校课程执行的情况、课程实施中的问题进行分析评估，调整课程内容、改进教学管理，形成课程不断革新的机制。

15. 继续改革和完善考试制度。

在已经普及九年义务教育的地区，实行小学毕业生免试就近升学的办法。鼓励各地中小学自行组织毕业考试。完善初中升高中的考试管理制度，考试内容应加强与社会实际和学生生活经验的联系，重视考查学生分析问题、解决问题的能力，部分学科可实行开卷考试。高中毕业会考改革方案由省级教育行政部门制定，继续实行会考的地方应突出水平考试的性质，减轻学生考试的负担。

高等学校招生考试制度改革，应与基础教育课程改革相衔接。要按照有助于高等学校选拔人才、有助于中学实施素质教育、有助于扩大高等学校办学自主权的原则，加强对学生能力和素质的考查，改革高等学校招生考试内容，探索提供多次机会、双向选择、综合评价的考试、选拔方式。

考试命题要依据课程标准，杜绝设置偏题、怪题的现象。教师应对每位学生的考试情况做出具体的分析指导，不得公布学生考试成绩并按考试成绩排列名次。

七、课程管理

16. 为保障和促进课程对不同地区、学校、学生的要求，实行国家、地方和学校三级课程管理。

教育部总体规划基础教育课程，制订基础教育课程管理政策，确定国家课程门类和课时。制订国家课程标准，积极试行新的课程评价制度。

省级教育行政部门依据国家课程管理政策和本地实际情况，制订本省（自治区、直辖市）实施国家课程的计划，规划地方课程，报教育部备案并组织实施。经教育部批准，省级教育行政部门可单独制订本省（自治区、直辖市）范围内使用的课程计划和课程标准。

学校在执行国家课程和地方课程的同时，应视当地社会、经济发展的具体情况，结合本校的传统和优势、学生的兴趣和需要，开发或选用适合本校的课程。各级教育行政部门要对课程的实施和开发进行指导和监督，学校有权力和责任反映在实施国家课程和地方课程中所遇到的问题。

八、教师的培养和培训

17. 师范院校和其他承担基础教育师资培养和培训任务的高等学校和培训机构应根据基础教育课程改革的目标与内容，调整培养目标、专业设置、课程结构，改革教学方法。中小学教师继续教育应以基础教育课程改革为核心内容。

地方教育行政部门应制定有效、持续的师资培训计划，教师进修培训机构要以实施新课程所必需的培训为主要任务，确保培训工作与新一轮课程改革的推进同步进行。

九、课程改革的组织与实施

18. 教育部领导并统筹管理全国基础教育课程改革工作；省级教育行政部门领导并规划本省（自治区、直辖市）的基础教育课程改革工作。

19. 基础教育课程改革是一项系统工程。应始终贯彻"先立后破，先实验后推广"的工作方针。各省（自治区、直辖市）都应建立课程改革实验区，实验区应分层推进，发挥示范、培训和指导的作用，加快实验区的滚动发展，为过渡到新课程做好准备。

基础教育课程改革必须坚持民主参与、科学决策的原则，积极鼓励高等院校、科研院所的专家、学者和中小学教师投身中小学课程教材改革；支持部分师范大学成立"基础教育课程研究中心"，开展中小学课程改革的研究工作，并积极参与基础教育课程改革实践；在教育行政部门的领导下，各中小学教研机构要把基础教育课程改革作为中心工作，充分发挥教学研究、指导和服务等作用，并与基础教育课程研究中心建立联系，发挥各自的优势，共同推进基础教育课程改革；建立教育部门、家长以及社会各界有效参与课程建设和学校管理的制度；积极发挥新闻媒体的作用，引导社会各界深入讨论、关心并支持课程改革。

20. 建立课程教材持续发展的保障机制。各级教育行政部门应设立基础教育课程改革的专项经费。

为使新课程体系在实验区顺利推进，教育部在高考、中考、课程设置等方面对实验区给予政策支持。对参加基础教育课程改革的单位、集体、个人所取得的优秀成果，予以奖励。

附录二　义务教育地理课程标准

第一部分　前　言

现代社会要求公民能够科学、充分地认识人口、资源、环境和社会等相互协调发展的重要性，树立可持续发展观念，不断探索和遵循科学、文明的生产方式和生活方式。这对义务教育地理课程改革提出了新课题。

义务教育地理课程有助于学生感受不同区域的自然地理、人文地理特征，从地理的视角认识和欣赏我们所生存的这个世界，从而提升生活品位和精神体验层次，增进学生对地理环境的理解力和适应能力；有助于学生形成正确的情感态度与价值观和良好的行为习惯，培养学生应对人口、资源、环境与发展问题的初步能力。这将利于为国家乃至全球的环境保护和可持续发展，培养活跃的、有责任感的公民。

一、课程性质

义务教育地理课程是一门兼有自然学科和社会学科性质的基础课程，具有以下几个特征。

1. **区域性**。义务教育地理课程内容以区域地理为主，展现各区域的自然与人文特点，阐明不同区域的地理概况、发展差异及区际联系。

2. **综合性**。地理环境是地球表层各种自然和人文要素相互联系、相互作用而成的复杂系统。义务教育地理课程初步揭示自然环境各要素之间、自然环境与人类活动之间的复杂关系，从不同角度反映地理环境的综合性。

3. **思想性**。地理课程突出当今社会面临的人口、资源、环境和发展问题，阐明科学的人口观、资源观、环境观和可持续发展的观念，富含热爱家乡、热爱祖国、关注全球以及可持续发展思想的教育内容。

4. **生活性**。地理课程内容紧密联系生活实际，突出反映学生生活中经常遇到的地理现象和可能遇到的地理问题，有助于提升学生的生活质量和生存能力。

5. 实践性

地理课程含有丰富的实践内容，包括图表绘制、学具制作、实验、演示、野外观察、社会调查和乡土地理考察等，是一门实践性很强的课程。

二、课程基本理念

1. 学习对生活有用的地理。地理课程选择与生活密切相关的地球与地图、世界地理、中国地理和乡土地理等基础知识，引导学生在生活中发现地理问题，理解其形成的地理背景，提升学生的生活品位，增强学生的生存能力。

2. 学习对终生发展有用的地理。地理课程引导学生从地理的视角思考问题，关注自然与社会，使学生逐步形成人地协调与可持续发展的观念，为培养具有地理素养的公民打下基础。

3. 构建开放的地理课程。地理课程着眼于学生创新意识和实践能力的培养，充分重视校内外课程资源的开发利用，着力拓宽学习空间，倡导多样的地理学习方式，鼓励学生自主学习、合作交流、积极探究。

三、课程设计思路

义务教育地理课程分为四大部分：地球与地图、世界地理、中国地理、乡土地理。其中，"地球与地图"是学习区域地理的基础。

1. 义务教育地理课程原则上不涉及较深层次的地理成因问题。

2. 地理要素采用单独列出和与区域地理结合两种方式。例如，世界地理的自然部分只列出气候要素，其他自然地理要素归入"认识区域"的相关内容之中。

3. 世界地理和中国地理的"认识区域"部分，除本标准规定的少量区域外，其他区域均由教材编写者和教师选择。本标准只列出区域的基本地理要素和学习区域地理必须掌握的基础知识与基本技能，以及必选区域的数量。

4. 乡土地理既可作为独立学习的内容，也可作为综合性学习的载体。学生可以通过收集身边的资料，运用掌握的地理知识和技能，开展以环境与发展问题为中心的探究性实践活动。

义务教育地理课程内容的基本结构如下图所示：

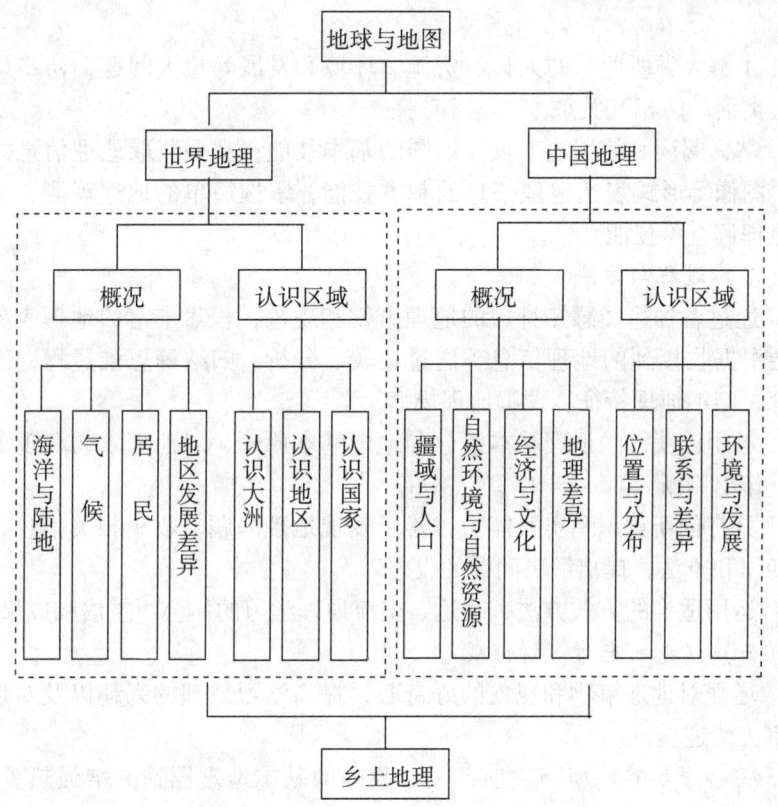

第二部分 课程目标

义务教育地理课程的总目标是：掌握基础的地理知识，获得基本的地理技能和方法，了解环境与发展问题，增强爱国主义情感，初步形成全球意识和可持续发展观念。

下面从知识与技能、过程与方法、情感态度与价值观三个方面来表述，这三个方面在实施过程中是一个有机的整体。

（一）知识与技能

1. 掌握地球与地图的基础知识，能初步说明地形、气候等自然地理要素在地理环境形成中的作用以及对人类活动的影响；初步认识人口、经济和文化发展的区域差异。

2. 了解家乡、中国和世界的地理概貌，了解家乡与祖国、中国与世界的联系。

3. 了解人类所面临的人口、资源、环境和发展等重大问题，初步认识环境与人类活动的相互关系。

4. 掌握阅读和使用地球仪、地图的基本技能；掌握获取地理信息并利用文字、图像等形式表达地理信息的基本技能；掌握简单的地理观测、地理实验、地理调查等技能。

（二）过程与方法

1. 通过各种途径感知身边的地理事物和现象，积累丰富的地理表象；初步学会根据收集到的地理信息，通过比较、分析、归纳等思维过程，形成地理概念，归纳地理特征，理解地理规律。

2. 运用已获得的地理基本概念和地理基本原理，对地理事物和现象进行分析，作出判断。

3. 具有创新意识和实践能力，善于发现地理问题，收集相关信息，运用有关知识和方法，提出解决问题的设想。

4. 运用适当的方式方法，表达、交流地理学习的体会、想法和成果。

（三）情感·态度·价值观

1. 增强对地理事物和现象的好奇心，提高学习地理的兴趣以及对地理环境的审美情趣。

2. 关心家乡的环境与发展，关心我国的基本地理国情，增强热爱家乡、热爱祖国的情感。

3. 尊重世界不同国家的文化和传统，增强民族自尊心、自信心和自豪感，理解国际合作的意义，初步形成全球意识。

4. 初步形成尊重自然、与自然和谐相处、因地制宜的意识及可持续发展的观念，增强防范自然灾害、保护环境与资源和遵守相关法律法规的意识，养成关心和爱护地理环境的行为习惯。

第三部分　　课程内容

关于"课程内容"部分的编排体例，说明如下：

（1）"课程内容"部分由"标准"和"活动建议"等组成；

（2）"标准"是学生学习地理课程必须达到的基本要求，以行为目标方式陈述；

(3)"活动建议"是为开展教学活动提供的参考性建议,可根据条件选择,也可自行设计;

(4)"说明"是对"标准"中某些问题的进一步解释。

一、地球与地图

(一)地球与地球仪

标　　准	活动建议
1. 地球的形状、大小与运动 • 了解人类认识地球形状的过程。 • 用平均半径、赤道周长和表面积描述地球的大小。 • 用简单的方法演示地球自转和公转。 • 用地理现象说明地球的自转和公转。 2. 地球仪 • 运用地球仪,说出经线与纬线、经度与纬度的划分。 • 在地球仪上确定某地点的经纬度。	开展地理观测、动手制作等活动。例如,观察不同季节(或一天内)太阳光下物体影子方向和长度的变化;用乒乓球或其他材料制作简易地球仪模型等。

(二)地　图

标　　准	活动建议
• 在地图上辨别方向,判读经纬度,量算距离。 • 在等高线地形图上,识别山峰、山脊、山谷,判读坡的陡缓,估算海拔与相对高度。 • 在地形图上识别五种主要的地形类型。 • 根据需要选择常用地图,查找所需要的地理信息,养成在日常生活中使用地图的习惯。 • 列举电子地图、遥感图像等在生产、生活中应用的实例。	开展运用地图、动手制作等活动。例如,在地图上查找地名并选择到达该地点的最佳交通路线等;使用地图、手持定位仪等进行"定向越野"活动;利用泡沫塑料、沙土等制作地形模型。

二、世界地理

（一）海洋与陆地

标　准	活动建议
1. 海陆分布 ● 运用地图和数据，说出地球表面海、陆所占比例，描述海陆分布特点。 ● 运用世界地图说出七大洲、四大洋的分布。 2. 海陆变迁 ● 举例说明地球表面海洋和陆地处在不断的运动和变化之中。 ● 知道板块构造学说的基本观点，说出世界著名山系及火山、地震分布与板块运动的关系。	开展拼图游戏、模拟演示等活动。例如，开展七大洲、四大洋拼图游戏；自选实验材料或使用计算机，模拟海底扩张、大陆漂移。

说明："知道板块构造学说……"一项，要注意科学史教育及科学兴趣的培养。

（二）气　候

标　准	活动建议
1. 天气 ● 区分"天气"和"气候"的概念，并能正确运用。 ● 识别常用的天气符号，能看懂简单的天气图。 ● 用实例说明人类活动对空气质量的影响。 2. 气温与降水的分布 ● 阅读世界年平均和1月、7月平均气温分布图，归纳世界气温分布特点。 ● 阅读世界年降水量分布图，归纳世界降水分布特点。 ● 运用气温、降水资料，绘制气温曲线和降水量柱状图，说出气温与降水随时间的变化特点。 3. 主要气候类型 ● 运用世界气候类型分布图说出主要气候类型的分布。 ● 举例说明纬度位置、海陆分布、地形等因素对气候的影响。 ● 举例说明气候对生产和生活的影响。	开展参观、观测、体验等活动。例如，参观当地的气象台站或大气环境监测站；使用测量仪器，观测气温、降水和风向；收看（听）和记录天气预报内容，模拟预报天气。

说明:"常用的天气符号"和"简单的天气图",是指电视等媒体天气预报中经常出现的天气符号和天气图。

(三)居　民

标　准	活动建议
1. 人口与人种 •运用地图和其他资料归纳世界人口增长和分布的特点。 •举例说明人口数量过多对环境及社会、经济的影响。 •说出世界三大人种的特点,并在地图上指出三大人种的主要分布地区。 2. 语言和宗教 •运用地图说出汉语、英语、法语、俄语、西班牙语、阿拉伯语的主要分布地区。 •说出世界三大宗教及其主要分布地区。 3. 聚落 •运用图片描述城市景观和乡村景观的差别。 •举例说出聚落与自然环境的关系。 •懂得保护世界文化遗产的意义。	开展辩论活动。例如,围绕"人口多好,还是人口少好""住乡村好,还是住城市好"等辩题组织辩论。

(四)地域发展差异

标　准	活动建议
•通过实例,认识不同地域发展水平存在差异。 •运用地图归纳发展中国家与发达国家的分布特点。 •用实例说明加强国际经济合作的重要性。	开展讨论活动。例如,收集两个不同发展水平地域的资料,进行比较并开展讨论。

（五）认识区域

标　准	活动建议
1. 认识大洲 ● 运用地图等资料简述某大洲的纬度位置和海陆位置。 ● 运用地图和其他资料，归纳某大洲地形、气候、水系的特点，简要分析其相互关系。 2. 认识地区 ● 在地图上找出某地区的位置、范围、主要国家及其首都，读图说出该地区地理位置的特点。 ● 运用地形图和地形剖面图，归纳某地区地势及地形特点，解释地形与当地人类活动的关系。 ● 运用图表说出某地区气候的特点以及气候对当地农业生产和生活的影响。 ● 运用地形图说明某地区河流对城市分布的影响。 ● 运用地图和其他资料，指出某地区对当地或世界经济发展影响较大的一种或几种自然资源，说出其分布、生产、出口等情况。 ● 举例说出某地区发展旅游业的优势。 ● 运用资料描述某地区富有地理特色的文化习俗。 ● 说出南、北极地区自然环境的特殊性，认识开展极地科学考察和保护极地环境的重要性。 3. 认识国家 ● 在地图上指出某国家地理位置、领土组成和首都。 ● 根据地图和其他资料概括某国家自然环境的基本特点。 ● 运用地图和其他资料，联系某国家自然条件特点，简要分析该国因地制宜发展经济的实例。 ● 用实例说明高新技术产业对某国家经济发展的作用。 ● 举例说出某国家在自然资源开发和环境保护方面的经验、教训。 ● 根据地图归纳某国家交通运输线路分布的特点。 ● 根据地图和其他资料说出某国家的种族和人口（或民族、宗教、语言）等人文地理要素的特点。 ● 用实例说明某国家自然环境对民俗的影响。 ● 举例说出某国家与其他国家在经济、贸易、文化等方面的联系。	开展学习交流、角色扮演等活动。例如，选择一个教科书没有介绍过的区域，收集、整理资料，归纳该区域地理特征，以适当方式（如墙报、图片展等）予以展示，并回答同学的质疑；就热带雨林开发与保护问题，分别扮演地理学家、政府官员、热带雨林区土著居民、世界环保组织成员、开发商等角色，从各自角度提出见解。

说明：

本单元规定从世界范围内选学部分大洲、地区、国家，旨在使学生通过认识所学区域自然地理和人文地理的主要特征，初步掌握学习和探究区域地理的基本方法。

南、北极地区是必学区域。此外，教材编写者和教师还必须从世界范围内选择至少一个大洲、四个地区（例如南亚）和五个国家编写教材和组织教学。

在编写教材和组织教学中，所选择的"大洲—地区—国家"组合应涉及所有大洲，其内容必须涵盖本单元全部"标准"。就某一区域而言，可以选择若干条"标准"，合理组织材料。

三、中国地理

（一）疆域与人口

标　准	活动建议
1. 疆域与行政区划 ●运用地图说出我国的地理位置及其特点。 ●记住我国的领土面积，在地图上指出我国的邻国和濒临的海洋，认识我国既是陆地大国，也是海洋大国。 ●在我国政区图上准确找出 34 个省级行政区域单位，记住它们的简称和行政中心。 2. 人口与民族 ●运用有关数据说明我国人口增长趋势，理解我国的人口国策。 ●运用中国人口分布图描述我国人口的分布特点。 ●运用中国民族分布图说出我国民族分布特征。	开展拼图游戏、学习交流等活动。例如，开展我国省级行政区域单位拼图游戏；收集并交流反映我国一些民族的风俗、服饰的图片和文字资料，描述、讲解这些民族的风土人情。

（二）自然环境与自然资源

标　准	活动建议
1. 自然环境 ● 运用中国地形图概括我国地形、地势的主要特征。 ● 运用资料说出我国气候的主要特征以及影响我国气候的主要因素。 ● 在地图上找出我国主要的河流，归纳我国外流河、内流河的分布特征。 ● 运用地图和资料，说出长江、黄河的主要水文特征以及对社会经济发展的影响。 ● 了解我国是一个自然灾害频繁发生的国家。 2. 自然资源 ● 举例说明可再生资源和非可再生资源的区别。 ● 运用资料，说出我国土地资源的主要特点，理解我国的土地国策。 ● 运用资料说出我国水资源时空分布的特点及其对于社会经济发展的影响。 ● 结合实例说出我国跨流域调水的必要性。	开展野外地理观察、讨论等活动。例如，实地观察家乡某条河流，描述该河流的特征；收集资料，讨论"我国为什么要实行最严格的耕地保护制度"。

说明：

"标准"没有面面俱到地列出各种类型的自然资源，教学中应以水、土资源为案例，引导学生了解我国自然资源总量大、人均少、时空分布不均等特点，进一步认清我国国情，并进行保护与节约资源的教育。

（三）经济与文化

标　准	活动建议
1. 经济发展 ● 运用资料说出我国农业分布特点，举例说明因地制宜发展农业的必要性和科学技术在发展农业中的重要性。 ● 运用资料说出我国工业分布特点，了解我国高新技术产业的发展状况。 ● 比较不同交通运输方式的特点，初步学会选择恰当的交通运输方式。 ● 运用地图说出我国铁路干线的分布格局。 2. 文化特色 ● 举例说明自然环境对我国具有地方特色的服饰、饮食、民居等的影响。 ● 结合有关资料说明我国地方文化特色对旅游业发展的影响。	开展辩论活动。例如，围绕"高速铁路（公路）建设利大于弊，还是弊大于利"等辩题组织辩论。

（四）地域差异

标　准	活动建议
● 在地图上找出秦岭、淮河，说明"秦岭—淮河"一线的地理意义。 ● 在地图上指出北方地区、南方地区、西北地区、青藏地区四大地理单元的范围，比较它们的自然地理差异。 ● 用事例说明四大地理单元自然地理环境对生产、生活的影响。	开展地理知识竞赛活动。例如，围绕"秦岭—淮河"一线南北两侧的地理差异，进行专题知识竞赛。

说明：

为方便教学，并使学生更好地认识我国的地域差异，这里将我国划分为四大地理单元。四大地理单元是根据自然地理和人文地理特征而划分的综合地理区。应该注意，这是一种宏观尺度的地域划分，即使在同一地理单元内也存在着很大的差异。

（五）认识区域

标　准	活动建议
1. 位置与分布 • 运用地图简要评价某区域的地理位置。 • 在地形图上识别某区域的主要地形类型，并描述区域的地形特征。 • 运用地图与气候统计图表归纳某区域的气候特征。 • 运用地图和其他资料说出某区域的产业结构与产业布局特点。 • 运用地图和其他资料归纳某区域人口、城市的分布特点。 2. 联系与差异 • 举例说明区域内自然地理要素的相互作用和相互影响。 • 举例说出河流在区域发展中的作用。 • 运用资料比较区域内的主要地理差异。 • 举例说出区际联系对区域经济发展的意义。 • 举例说明祖国内地与香港、澳门经济发展的相互促进作用。 • 运用有关资料分析说明外向型经济对某区域发展的影响。 3. 环境与发展 • 根据资料，分析某区域内存在的自然灾害与环境问题，了解区域环境保护与资源开发利用的成功经验。 • 以某区域为例，说明区域发展对生活方式和生活质量的影响。 • 运用资料说出首都北京的自然地理特点、历史文化传统和城市职能，并举例说明其城市建设成就。 • 认识台湾省自古以来一直是祖国不可分割的神圣领土；在地图上指出台湾省的位置和范围，分析其自然地理环境和经济发展特色。 • 以某区域为例，说明我国西部开发的地理条件以及保护生态环境的重要性。	开展学习交流、撰写小论文等活动。例如，选择一个教科书没有介绍过的区域，收集、整理资料，归纳该区域地理特征，以适当方式（如墙报、图片展等）予以展示，并回答同学的质疑；围绕某区域自然资源开发利用、自然灾害防治、节能减排、低碳生活等主题，自拟题目，撰写小论文。

说明：

　　本单元规定选学我国部分区域，旨在使学生通过认识所学区域的自然地理和人文地理的主要特征,进一步掌握学习区域地理的一般方法。学习内容要体现区域地理的地域性、综合性特点,注重自然地理和人文地理的内在联系,具体的学习内容要从所选区域的实际出发,不要求面面俱到。

北京、台湾、香港、澳门为必学区域。此外,教材编写者和教师还必须从全国范围内选择至少五个不同空间尺度的区域编写教材和组织教学。就某一具体区域而言,可以选择若干条"标准",合理组织材料,但所选区域组合,必须涵盖本单元所有"标准"。

在学习区域时,要引导学生用科学的发展观理解不同区域的差异,认识区域发展及其存在的问题。

四、乡土地理

标　准	活动建议
•运用地图,描述家乡的地理位置,分析其特点。 •利用图文材料说明家乡主要地理事物的变迁及其原因。 •举例分析自然资源、自然灾害对家乡社会、经济等方面的影响。 •运用家乡的人口资料与全国人口情况进行比较,说出家乡人口数量和人口变化的特点。 •了解家乡的对外联系现状,认识家乡进一步改革开放的重要性。 •了解家乡的发展规划,关注家乡的未来发展,树立建设家乡的志向。	开展乡土地理调查、为家乡建设献计献策等活动。例如,提出一个自己感兴趣的乡土地理课题,开展调查,交流调查结果;开展为实现家乡的绿色生活献计献策活动。

说明:

乡土地理是必学内容。乡土地理帮助学生认识学校所在地区的生活环境,引导学生主动参与、学以致用,培养学生的实践能力,使学生树立可持续发展的观念,增强学生爱祖国、爱家乡的情感。

这里的"乡土"范围一般是指县一级行政区域。根据各地的实际情况,乡土地理的教学也可以讲授本地区(省辖市)地理,或者本省(直辖市、自治区)地理。

乡土地理教材的编写应纳入地方课程开发计划,并切实加以落实。提倡积极开发小尺度区域(乡、镇以下)的乡土地理校本课程。

在乡土地理教学中,至少应安排一次野外(校外)考察或社会调查。

第四部分　实施建议

一、教学建议

地理课程的实施，关键在于教师的教学。在地理教学中，地理教师需要领悟本标准的课程基本理念，了解课程设计思路，按照课程目标和课程内容标准设计具体的教学目标。教学时尤其要注意突出地理学科特点，灵活运用多种教学方式方法，充分重视地理信息资源和信息技术的利用，关注培养学生的学习兴趣、学习能力、创新意识和实践能力。

（一）突出地理事物的空间差异和空间联系

地理教学要强调地理各因素之间的相互作用，特别是自然因素和人文因素对地理现象和地理过程的综合影响，引导学生理解地理事物的空间差异和空间联系，从地理的视角看待地理现象和地理问题。例如，在以一个国家为例学习区域地理时，需要引导学生从该国的地理位置、地形、气候、水文、植被、矿产等多方面认识自然地理要素对该国地理特征的综合影响。

（二）选择多种多样的地理教学方式方法

要根据教学目标、教学内容的特点、学生的年龄特征、学校条件以及教师自身特质选择合适的地理教学方式，注意运用多样化的教学方法，帮助学生学会学习。

应坚持启发式教学原则，提倡探究式学习，培养学生的探究意识，引导和鼓励学生独立思考、自主学习，体验解决地理问题的过程，逐步掌握分析和解决地理问题的方法。例如，可以用问题解决的方式进行经纬网内容的教学，将学习内容转化为类似"设计出行路线进行救援"的任务，提出完成任务过程中可能遇到的"问题"，通过理解、分析，解决这些"问题"。

（三）重视地理信息载体的运用

地理图像以及地理视频、计算机网络都承载了大量的地理信息，教师要充分利用这些地理信息载体，丰富课程内容，优化教学活动。

教师要重视地理图像的利用，通过阅读、使用地理图像和绘制简易地图，帮助学生掌握阅读观察地理图像的基本方法，逐步发展学生从地理图像中获取地理信息的能力以及利用图像说明地理问题的能力。例如，可以引导学生对比不同地理景观图片来观察不同地区某一方面的地理特征，也可指导学生用地理语言描述或解释地理图像所反映的地理现象。

教师要积极利用地理信息资源和信息技术手段,优化和丰富地理教学活动,促进学生学习方式的转变。例如,有条件的学校,可以利用计算机网络资源进行有关地域文化、区域旅游业发展等方面内容的教学,指导学生确定学习的主题,在网络上搜集相关的数据、文字、地图、图片、音乐、视频等资料,并进行取舍、整理、归纳,按照学生自己喜爱的方式制作成以多媒体为载体的作品,并在班级内展示、交流。

（四）关注培养创新意识和实践能力

地理教学要重视培养学生的创新意识,激发学生的学习兴趣,培养学生独立思考的习惯,鼓励学生大胆质疑并提出自己的观点、看法,为学生自主学习营造宽松的学习环境。

应积极开展地理实践活动,增强学生的地理实践能力。一方面,立足校园开展地理实践活动。例如,利用学生已学习过的地图知识,以"我帮学校做规划"为主题,开展地理实践活动,从而达到构建开放的地理课堂、拓宽学习空间、培养学生爱校和保护环境责任感的目的。另一方面,应提倡开展野外（校外）考察和社会调查,鼓励学生走进大自然、进入社会,使学生亲身体验地理知识产生的过程。

二、评价建议

地理学习的评价应注重多途径收集信息,准确反映学生地理学习的结果及过程,激励学生有效地学习,帮助教师改进教学。评价时,既要关注学生的学习结果,更要关注学生的学习过程,强化评价的诊断和发展功能,弱化评价的甄别和选拔功能。评价应以本标准中的课程目标和课程内容标准为依据,体现课程基本理念,全面评价学生在知识与技能、过程与方法、情感态度与价值观等方面的发展与变化。评价应注重评价目标全面性、评价手段多样化,实现形成性评价和终结性评价相结合、定性评价和定量评价相结合。

（一）根据地理课程目标和课程内容标准确定评价标准

1. 对"知识与技能"的评价

对地理知识的评价,要依据课程内容标准的行为动词来确定评价的层次要求。例如,对于要求描述、说出的内容,评价标准应定位在评价学生的表述状况;对于要求学会、运用、举例、用实例说明、用图说明的内容,重在评价学生对地理知识的理解与运用的水平和进步状况,即评价学生对地理概念、原理、规律的理解程度以及能否将相关地理知识迁移到具体情境之中。

对地理技能的评价，主要考查学生对地理技能的方法和要领的了解程度，选择应用地理技能的合理程度，运用地理技能的熟练程度。例如，若评价"运用地形图和地形剖面图，归纳某地区地势及地形特点"这一标准要求的地理技能，可以采取布置学生读地形图、完成读图分析题等方式加以评价。评价可围绕如下方面展开：一是考查学生能否利用和激活下图所示的认知结构，评价的重点在于，学生头脑中有无这样的认知结构，如有，则要判断其是否完整和准确；二是评估学生是否有条理、有顺序并能熟练地从地势、地形类型构成和地形分布状况等方面获取信息；三是评估学生能否合理运用从地形图和地形剖面图中获取的信息得出相关结论。

$$\text{认识某区域地势、地形}\begin{cases}\text{地势}\begin{cases}\text{海拔}\\\text{倾斜状况（海拔变化趋势）}\\\text{起伏状况}\end{cases}\\\text{地形类型构成}\\\text{地形分布状况}\end{cases}$$

2. 对"过程与方法"的评价

过程与方法的评价，应以评价学生参与地理学习活动过程的表现以及地理方法掌握与运用的情况为基本目标。

在评价学生参与探究性活动过程的表现时，应重点评价学生：①能否提出地理问题；②能否通过阅读地图、图表等以及通过实地观测与调查等方式或用其他方式收集资料、获得资料；③能否将地理信息资料恰当归类和将地理信息资料绘制成地理图表以及简单的地图；④能否通过分析地理信息资料得出结论并进行检验；⑤参与地理观察与观测、调查、实验、讨论等活动的质量。

在评价学生地理方法的掌握与运用情况时，应注重对学生地理观察、区域分析与综合、地理比较、地理实验等常用地理方法的领悟、掌握状况和运用水平进行评价。例如，要检测学生"通过实例，认识不同地域发展水平存在差异"的达成度，教师可先提出探究活动要求，让学生根据地图选出几个代表性的区域并举出实例，说明不同地域发展水平的差异。具体让学生围绕以下几个问题展开探究：①如何选择代表性区域；②从哪些方面对所选区域进行比较；③从比较中得出什么结论。以上探究活动可以评价学生"地理比较方法"运用是否合理。为此应当观察学生是否能有效利用地图，是否有条理、有步骤、认真细致地观察地图；要判断学生所选择的比较地域和确定的比较项目是否合理，得出的结论是否正确。通过上述的观察与判断，可以对学生地理观察、比较、区域综合分析等方法的领悟和运用水平作出相应的评价。

3. 对"情感·态度·价值观"的评价

评价学生在情感态度与价值观方面的真实表现和发展状况，应着重评价学生：①是否具有浓厚的地理学习兴趣，是否对地理事物、地理现象具有好奇心；②是否积极主动地与同伴配合参与探究活动，是否在探究过程中有发现问题的意识并大胆质疑；③是否善于提出自己的意见，乐于听取同伴的建议，修正、发展自己的观点；④是否关注地理学与现实生活的密切联系和地理学的应用价值；⑤是否形成初步的人地协调、因地制宜等地理观点；⑥是否关心家乡的环境与发展，关心我国的基本地理国情；⑦是否形成有关环境、资源的保护意识和法制意识以及关心和爱护地理环境的行为习惯。

（二）评价方法的选择与使用

评价方法的选择与使用要符合诊断学生的学习质量和促进学生发展的基本目的。知识与技能、过程与方法、情感态度与价值观目标的达成度要选用不同的评价方法予以考查和评价，因此要发挥不同评价方法的特点，规避其不足。

丰富而准确的评价信息是评价的基础。获取评价信息的方法主要有纸笔测验、档案袋、观察法等；相应的评价方法有纸笔测验评价方法、档案袋评价方法、观察评价方法等。

1. 纸笔测验评价方法

纸笔测验评价方法是通过学生的书面回答，了解全班学生学习情况的一种评价方法。运用纸笔测验评价方法评价学生的地理学习状况，试题的质量至为关键，命制纸笔测验试题时应注意以下几点。

（1）注重地理基础知识和基本技能的考查，主要包括学生对地理位置、地理概念、地理特征、地理空间分布、地域差异等方面的理解，以及学生能否在具体情境中合理应用地理知识。应淡化特殊的解题技巧，不出偏题、怪题。

（2）突出地理科学的综合性和地域性特点，关注对学生整体观念、空间观念、地理视角、地理学科能力等的形成状况，并进行考查。

（3）有效地发挥各种类型题目的功能。例如，考查学生对地理事物的记忆能力，可以设计填图、填充、选择类试题；考查学生从具体情境中获取地理信息的能力，可以设计读图、阅读分析类试题；考查学生解决问题的能力，可以设计具有实际背景的试题；考查学生的探究、创造能力，可以设计开放性试题。

2. 档案袋评价方法

档案袋评价方法是有目的地收集有关学生学习情况的材料，表现学生在较长时间内在课程的一个或多个领域中所作出的努力、获得的进步和学业成绩的一种评价方法。对于评价学生进步程度、努力程度、自我反思能力及其最终发展水平方面具有重要意义。

地理学习档案袋可包括以下内容：学生绘制的地图、制作的模型、收集的地理图片和资料；地理探究活动的过程记录、疑难问题及其解答；学习方法和策略的总结、自我评价和他人评价的结果等。在建立档案袋的过程中，地理教师可以更多地将其作为"反映学生进步"和"展示学生作品"的工具。应十分注重在评价过程中学生的参与，学生与教师一样是最重要的评价主体。此外，家长、管理者等也可以参与档案袋的评价。

3. 观察评价方法

观察法是评价者根据学生在地理学习中行为表现等的观察记录，对照事前准备的标准进行评价的方法。观察法适用于学生评价：（1）参与一般地理学习活动的表现，如在口头表达、描绘地图、绘制地理图表、读图分析等一般地理活动中的表现；（2）在提出地理问题、收集地理信息、讨论、实地观测观察、真实性情景的问题解决等地理探究活动中的表现；（3）地理方法掌握与运用的状况，如区域比较方法、区域综合分析方法等方法的掌握与运用；（4）在情感态度与价值观方面的真实表现和发展状况。

（三）评价的实施

评价应注重过程性评价，把评价渗透到地理教学过程的各个环节之中，克服"一张考卷定终身"的弊端。建议对学生的答问、演讲、演示、绘图、读图与分析、观察与观测、调查、制作等各种活动都进行评价，使评价过程变为教育过程。

由于学生学习的心理特征、学习形式和学习特点的差异以及各种评价方法存在的不足，因而评价应采取多种方法。

要重视多元评价，调动学生自评和互评的积极性，鼓励学生主动参与评价；要对学生学习的全过程进行综合评价，而不是一次性的、部分内容或部分项目的评价。地理学习评价建议采用评语和等级、评分相结合的方式。

（四）评价结果的解释

评价结果的解释就是通过对利用评价工具所获得的信息和数据进行分析处理，作出评价结论。评价结果的解释重点应放在学生在学习过程中的变化上，在于"发现闪光点、激励自信心"。评价结果的解释须对学生在学习过程中的变化作出多角度和较为全面的评价。要随时关注学生在学习活动中的表现与反应，给予必要的、及时的、适当的鼓励性、指导性评价。评语既要简练、中肯、有针对性，又要富于感情、有重点、不求全责备，使学生准确了解自己的学习结果，知道以后的努力方向。

给学生作出评价结论的最终目的是为学生的成功学习创造良好的心理环境，使学生从评价中得到成功的体验，从而激发学生的学习动力，使他们积极参与学习活动，以达到促进学生发展，提高教育质量的目的。

三、教材编写建议

地理教材包括地理教科书、教师教学用书、地理图册等。

地理教科书的编写要以本标准为依据，充分体现地理课程的基本理念，全面落实地理课程内容标准的各项要求，使地理教科书成为教师创造性教学和学生主动学习的最基本的教学资源。

（一）建立合理的内容结构

地理教科书的编写应对课程内容标准进行合理组合，建立有利于学生学习的内容结构体系，而不必拘泥于区域地理的学科体系。

世界地理和中国地理的"认识区域"部分，教科书编写者选择区域时，既要注意区域的典型性、独特性，也要注意区域知识组合的覆盖面，适当分散难点，注意知识再现。

（二）选择联系学生实际、反映时代特征的素材

地理教科书教学内容的选择与组织，应联系生产和生活实际，尤其是发生在学生身边的地理事物、地理现象和地理问题，体现"学习对生活有用的地理"和"学习对终生发展有用的地理"的课程基本理念。地理教科书的编写应反映时代特征，体现社会主义核心价值观，密切关注地理科学和教育科学的发展、国家和社会的发展以及学生群体的发展，不断积累素材，及时加以修订。

（三）设计有弹性的教学内容组织

地理教科书的编写应注意我国各个地区在自然、社会、经济、文化、教育等方面的差异，充分考虑地理教科书的地区适应性。

地理教科书的教学内容组织也应具有不同层次和一定的弹性。例如，可适当安排一定数量的选学、自学和阅读内容，以满足不同学生的学习需要。

（四）突出能力培养，发挥教科书的学习引导功能

地理教科书的编写要注重对学生地理学习能力的培养，发挥地理教学方法的指导作用，体现课程基本理念所提倡的探究学习方式。采取的形式可以有多种，例如，可以设计探究式的学习活动，引导学生在探究活动中学习新内容；可以将有些内容设计成开放式的，不直接提供问题的结论等。

（五）采用符合学生身心特点和接受能力的内容呈现方式

地理教科书的编写应从学生身边的或熟悉的地理事物入手，课文要简明、通俗、科学、直观、生动、亲切，活动的设计要密切联系学生现实生活的经历和体验，难易程度恰当；提倡多使用地图以及剖面图、景观图、示意图、遥感图等图像；采用一些能激发学生思索、富于启发性和趣味性的问题导入；设计一些学生感兴趣、易于操作、有创意的活动和练习；安插一些引人入胜、拓展知识的地理小故事等。

四、课程资源开发与利用建议

充分开发、利用地理课程资源，对于丰富地理课程内容、增强地理教学活力具有重要的意义。

（一）建设学校地理课程基本资源库

通过调查，掌握学校地理课程资源的情况，分门别类建立地理课程资源档案，并逐步建立基本的地理课程资源库。

教科书以及教学所需的地图集、地理挂图、地理模型、地理标本、实验器材、图书资料、电教器材、教学软件、教学实践场所等，都是学校重要的地理课程资源。其中必备的教具、设备和教学用图有：地球仪、三球仪、等高线地形模型、幻灯机、投影机、岩石和矿物标本、东西两半球图、世界政治地图、世界地形图、世界与中国气候分布图、中国政区与交通图、中国地形图、本省（自治区、直辖市）地图、本县（市）地图、世界地理景观图片、中国地理景观图片等。

应注意地理课程资源的积累和更新。除添置必要的地理教学图书、设备、软件外，还可自制各种地理教具、学具，开发各种地理教学软件，不断扩大地理课程资源库的容量，提高地理课程资源库的质量。有条件的学校可以配置地理专用教室、地理园等，以适应社会发展、科技进步和地理教学自身发展的需要。

（二）利用学生学习经验资源

教师要结合学校的实际和学生的学习需求，充分利用学生自身的经历和

体验。

教师应鼓励和指导学生组织地理兴趣小组，开展野外观察、社会调查等活动；指导学生编辑地理小报、墙报，布置地理橱窗；引导学生利用学校广播站或有线电视网、校园网传播自编的地理节目等。教师应尽力在课堂教学中充分运用学生的这些学习和实践成果。

（三）开发社会地理课程资源

校外地理课程资源丰富多样，学校所在地区的各种自然和人文地理事物，都是学校地理课程资源库的重要组成部分，包括青少年活动中心、图书馆、科技馆、气象台、天文馆、博物馆、展览馆和主题公园；科研单位、大专院校和政府部门；广播、电视、报刊等信息媒体；区域自然景观和人文景观等。要加强与社会各界的沟通与联系，寻求多种支持，合理开发利用校外地理课程资源。

要创造条件组织学生走进大自然，参与社会实践，开展参观、调查、考察、旅行、夏令营、冬令营等活动；也可邀请有关人士到学校进行演讲和座谈；有条件的地区可创建地理实习基地。

（四）利用计算机网络资源

有条件的教师可以从计算机网络上获取各种适用于地理教学的电子资源，如地理文字资料、地理图像、地理视频、地理动画、地理书刊、电子教案等。网络资源的特点是形式多样、数量巨大、获取方便、内容新颖、成本较低，是地理教学极为重要的资源库。教师还可以借助网络资源丰富教学方式方法，引导学生主动利用网络资源学习地理。

教师在开发、利用地理课程资源时，要注意所选资源的科学性、思想性、适宜性，充分、合理、有效地利用现有课程资源，积极开发新的课程资源，提倡校际地理课程资源的共建和共享，为创造生动、丰富、有效的地理教学活动服务。

附录三　普通高中地理课程标准（实验）

第一部分　前　言

　　现代社会要求国民能够在科学地认识人口、资源、环境、社会相互协调发展的基础上，树立可持续发展观念，形成文明的生活与生产方式。地理科学的迅速发展和地理信息技术的广泛应用，都对地理课程改革提出了富有挑战性的新课题。

　　全面推进素质教育，要求从学生的全面发展和终身学习出发，构建体现现代教育理念、反映地理科学发展、适应社会生产生活需要的高中地理课程。引导学生关注全球问题以及我国改革开放和现代化建设中的重大地理问题，弘扬科学精神和人文精神，培养创新意识和实践能力，增强社会责任感，强化人口、资源、环境、社会相互协调的可持续发展观念，这是时代赋予高中地理教育的使命。

一、课程性质

　　地理学是研究地理环境以及人类活动与地理环境相互关系的科学。它具有两个显著的特点：第一，综合性。地理环境由大气圈、水圈、岩石圈、生物圈等圈层构成，是地球表层各种自然要素、人文要素有机组合而成的复杂系统。地理学兼有自然科学与社会科学性质。第二，地域性。地理学不仅研究地理事物的空间分布和空间结构，而且阐明地理事物的空间差异和空间联系，并致力于揭示地理事物的空间运动、空间演变的规律。地理学在现代科学体系中占有重要地位，在解决当代人口、资源、环境和发展等问题中具有重要作用。

　　高中地理课程与九年义务教育阶段地理课程相衔接，是高中阶段学生学习地球科学知识、认识人类活动与地理环境的关系、进一步掌握地理学习和地理研究方法、树立可持续发展观念的一门基础课程，跨"人文与社会"和

"科学"两个学习领域。高中地理课程由"必修"与"选修"课程组成。

二、课程的基本理念

1. 培养现代公民必备的地理素养。设计具有时代性和基础性的高中地理课程，提供现代公民必备的地理知识，增强学生的地理学习能力和生存能力。关注人口、资源、环境和区域发展等问题，以利于学生正确认识人地关系，形成可持续发展的观念，珍爱地球，善待环境。

2. 满足不同的地理学习需要。建立富有多样性、选择性的高中地理课程，满足学生探索自然奥秘、认识社会生活环境、掌握现代地理科学技术方法等不同学习需要。

3. 注重对地理问题的探究。倡导自主学习、合作学习和探究学习，开展地理观测、地理考察、地理实验、地理调查和地理专题研究等实践活动。

4. 强调注重信息技术在地理学习中的应用。充分考虑信息技术对地理教学的影响，营造有利于学生形成地理信息意识和能力的教学环境。

5. 注重学习过程评价和学习结果评价的结合。重视反映学生发展状况的过程性评价，实现评价目标多元化、评价手段多样化，强调形成性评价与终结性评价相结合、定性评价与定量评价相结合、反思性评价与鼓励性评价相结合。

三、课程设计思路

1. 高中地理课程注重与实际相结合，要求学生在梳理、分析地理事实的基础上，逐步学会运用基本的地理原理探究地理过程、地理成因以及地理规律等。

2. 高中地理课程内容的设计以可持续发展为指导思想，以人地关系为主线，以当前人类面临的人口、资源、环境、发展等问题为重点，以现代科学技术方法为支撑，以培养国民现代文明素质为宗旨，从而全面体现地理课程的基本理念。

3. 高中地理课程由共同必修与选修课程组成。高中地理共同必修课程共6学分，由"地理Ⅰ"、"地理Ⅱ"、"地理Ⅲ"（各2学分，36课时）三个模块组成，涵盖了现代地理学的基本内容，体现了自然地理、人文地理和区域地理学的联系与融合。必修课程的设计注意其结构的相对完整和教学内容的新颖、充实，使课程具有较强的基础性和时代性。

4. 高中地理选修课程由"宇宙与地球"、"海洋地理"、"自然灾害与防治"、"旅游地理"、"城乡规划"、"环境保护"、"地理信息技术应用"（各2学分，36课时）七个模块组成。选修模块涉及地理学的理论、应用、技术各个层面，关注人们生产生活与地理密切相关的领域，突现地理学的学科特点与应用价值，以利于开阔学生的视野，进一步提高学生的科学精神与人文素养。部分学校因条件不具备，可暂缓开设"地理信息技术应用"，但应积极创造条件，尽早开设。本课程标准对选修课程的学习顺序不作具体规定，选修课可以在必修课之前、之后或者同时开设，供感兴趣的学生选择；有志于从事相关专业（如地学、环、农林、水利、经济、管理、新闻、旅游、军事等）的学生建议在选候课程中修满4学分。

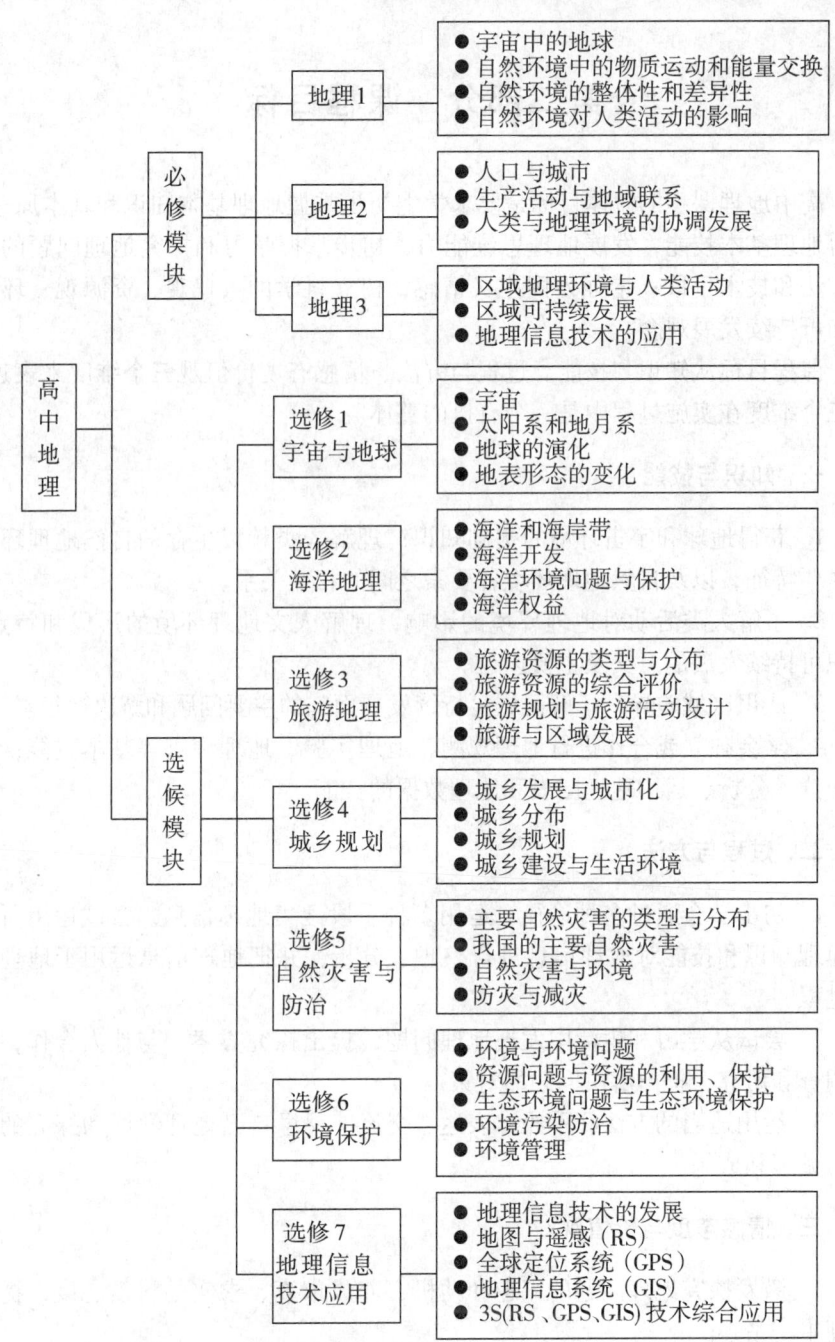

第二部分　课程目标

高中地理课程的总体目标是要求学生初步掌握地理基本知识和基本原理；获得地理基本技能，发展地理思维能力，初步掌握学习和探究地理问题的基本方法和技术手段；增强爱国主义情感，树立科学的人口观、资源观、环境观和可持续发展观念。

课程目标从知识与技能、过程与方法、情感态度价值观三个维度来表述，这三个维度在实施过程中是一个有机的整体。

一、知识与技能

1. 获得地球和宇宙环境的基础知识；理解人类赖以生存的自然地理环境的主要特征，以及自然地理环境各要素之间的相互关系。

2. 了解人类活动对地理环境的影响，理解人文地理环境的形成和特点；认识可持续发展的意义及主要途径。

3. 认识区域差异，了解区域可持续发展面临的主要问题和解决途径。

4. 学会独立或合作进行地理观测、地理实验、地理调查等基本技能；掌握阅读、分析、运用地理图表和地理数据的技能。

二、过程与方法

1. 初步学会通过多种途径、运用多种手段搜集地理信息，尝试运用所学的地理知识和技能对地理信息进行整理、分析，并把地理信息运用于地理学习过程。

2. 尝试从学习和生活中发现地理问题，提出探究方案，与他人合作，开展调查和研究，提出解决问题的对策。

3. 运用适当的方法和手段，表达、交流、反思自己地理学习和探究的体会、见解和成果。

三、情感态度与价值观

1. 激发探究地理问题的兴趣和动机，养成求真、求实的科学态度，提高地理审美情趣。

2. 关心我国的基本地理国情，关注我国环境与发展的现状与趋势，增强热爱祖国、热爱家乡的情感。

3. 了解全球的环境与发展问题，理解国际合作的价值，初步形成正确的全球意识。

4. 增强对资源、环境的保护意识和法制意识，形成可持续发展观念，增强关心和爱护环境的社会责任感，养成良好的行为习惯。

第三部分　内容标准

关于内容标准的编排体例，说明如下：
（1）内容标准由标准、活动建议等部分组成。
（2）"标准"是学生学习高中地理课程必须达到的基本要求，以行为目标方式表述。
（3）"活动建议"是为开展教学活动提供的参考性建议，可根据条件选择，也可自行设计。
（4）"说明"是对标准中某些问题的进一步解释。

一、必修课程

地理1

标　　准	活动建议
1. 宇宙中的地球 ● 描述地球所处宇宙环境，运用资料说明地球是太阳系中一颗既普通又特殊的行星。 ● 阐述太阳对地球的影响。 ● 分析地球运动的地理意义。 ● 说出地球的圈层结构，概括各圈层主要特点 2. 自然地理环境中的物质运动和能量交换。 ● 运用示意图说明地壳内部物质循环过程 ● 结合实例，分析造成地表形态变化的内、外力因素。	● 选择一种形式（如写一篇小短文，绘制一幅图，或者制作一段计算机动画等），向家人或同学讲解地球所处的宇宙环境。 ● 运用教具、学具，或通过计算机模拟，演示地球的自转与公转，解释昼夜更替与四季的形成原因。 ● 观察某种天文现象，并查阅有关资料，说出自己的观察结果及体会。 ● 绘制示意图，或利用教具、学具，说明地球的圈层结构。 ● 根据本地条件，进行地质、地貌、水文等野外观察。

续 表

• 运用图表说明大气受热过程。 • 绘制全球气压带、风带分布示意图，说出气压带、风带的分布、移动规律及其对气候的影响。 • 运用简易天气图，简要分析锋面、低压、高压等天气系统的特点。 • 运用示意图，说出水循环的过程和主要环节，说明水循环的地理意义。 • 运用地图，归纳世界洋流分布规律，说明洋流对地理环境的影响。 3. 自然地理环境的整体性和差异性 • 举例说明某自然地理要素在地理环境形成和演变中的作用。 • 举例说明地理环境各要素的相互作用，理解地理环境的整体性。 • 运用地图分析地理环境的地域分异规律。 4. 自然地理环境对人类活动的影响 • 举例说明地表形态对聚落及交通线分布的影响。 • 根据有关资料，说明全球气候变化对人类活动的影响。 • 以某种自然资源为例，说明在不同生产力条件下，自然资源的数量、质量对人类生存与发展的意义。 • 以某种自然灾害为例，简述其发生的主要原因及危害。	• 利用身边可以找到的材料（如透明塑料袋、塑料薄膜、玻璃瓶等）和温度计，做一次模拟大气温室效应的小实验。 • 用计算机设计气压带、风带的移动，水循环或洋流运动的动画。 • 通过角色扮演（或讲故事、观看录像等）形式，说明某自然要素变化时，将会导致其他要素发生变化。 • 收集家乡某条河流变化的资料，分析其变化的主要原因，并对该河流的未来提出自己的设想。 • 有条件的学校，可对水井进行定点、定时观测，记录水位、水色等变化情况，并分析其变化规律和主要原因。 • 以本地自然资源开发利用的变化为主题，分组开展研究性学习，交流学习成果。 • 针对本地经常发生的自然灾害，成立课外监测小组，制定计划，开展活动。

地理 2

标　　准	活动建议
1. 人口与城市 • 分析不同人口发展模式的主要特点及地区分布。 • 举例说明人口迁移的主要原因。 • 说出环境承载力与人口合理容量的区别。 • 运用实例，解释城市功能分区形成的原因。 • 联系城市地域结构的有关理论，说明不同规模城市服务功能的差异。 • 运用有关资料，概括城市化的过程和特点，解释城市化对地理环境的影响。 • 举例说明地域文化对人口或城市的影响。 2. 产业活动与地域联系 • 分析农业区位因素，举例说明主要农业地域类型特点及其形成条件。 • 分析工业区位因素，举例说明工业地域的形成条件与发展特点。 • 结合实例说明农业或工业生产活动对地理环境的影响。 • 举例说明产业活动中地域联系的重要性和主要方式。 • 结合实例，分析交通方式的变化对聚落空间形态和商业网点布局的影响。 3. 人类与地理环境的协调发展 • 了解人地关系思想的历史演变。 • 根据有关资料，归纳人类面临的主要环境问题。 • 联系"21世纪议程"，概述可持续发展的基本内涵，举例说明协调人地关系的主要途径。 • 领悟走可持续发展之路是人类的必然选择；认识在可持续发展过程中，个人应具备的态度责任。	• 运用本地人口资料，绘制图表，探究本地人口的发展模式和人口迁移的特点。 • 搜集所在城市不同时期的地图、照片，或进行走访，讨论城市的变化，交流感想。 • 收集资料，对比不同地区人口或城市的文化差异。 • 结合所学知识，判断本地农业地域类型，并分析其形成条件。 • 联系本地实际，讨论某一工业企业的布局特点，以及该工业企业的原料供应和市场联系。 • 模拟设计某地区交通运输线路和站点的布局方案，简述设计理由。 • 联系本地实际，撰写一篇如何治理某一环境问题的小论文，并展示交流。 • 举行"保护环境，从我做起"主题班会，制定本班爱护环境的守则。 • 结合实际，与家人交流对环境问题的看法，并参与宣传环境保护的活动，为改善本地环境做力所能及的事。

地理 3

标准	活动建议
1. 区域地理环境与人类活动 ● 了解区域的含义。 ● 以两个不同区域为例，比较人类活动的区域差异。 ● 以某区域为例，比较不同发展阶段地理环境对人类生产和生活方式的影响。 ● 举例说明产业转移和资源跨区域调配对区域地理环境的影响。 2. 区域可持续发展 ● 以某区域为例，分析该区域存在的环境问题与发展问题，诸如水土流失、荒漠化等发生的原因，森林、湿地等开发利用存在的问题，了解其危害和综合治理保护措施。 ● 以某流域为例，分析该流域开发的地理条件，了解该流域开发建设的基本内容，以及综合治理的对策措施。 ● 以某区域为例，分析该区农业生产的条件、布局特点和问题，了解农业持续发展的方法与途径。 ● 以某区域为例，分析该区域能源和矿产资源的合理开发与区域可持续发展的关系。 ● 以某经济发达区域为例，分析该区域工业化和城市化的推进过程，以及在此过程中产生的主要问题，了解解决这些问题的对策措施。 3. 地理信息技术的应用 ● 结合实例，了解遥感（RS）在资源普查、环境和灾害监测中的应用。 ● 举例说出全球定位系统（GPS）在定位导航中的应用。 ● 运用有关资料，了解地理信息系统（GIS）在城市管理中的功能。 ● 了解数字地球的含义。	● 模拟赴热带雨林、热带草原、热带荒漠、高山地区等的旅行，描述在不同地区所能观察到的主要地理景观和地理现象，说出到上述地区旅行应携带的主要生活用品。 ● 开展一次模拟活动（如南水北调"调出区"居民与"调入区"居民的对话），扮演角色，交流看法。 ● 调查家乡一片荒废（或利用不合理）的土地，探讨这片土地荒废（或利用不合理）的原因。如果这片土地让你来规划开发，你将作何打算？为什么？ ● 联系本地实际，讨论某工厂对地方经济的带动作用，以及所造成的环境污染，进而提出改进措施。 ● 结合学校所在地区的城镇建设实际，讨论城市化过程对于区域发展的推动作用，以及应当注意的问题。 ● 调查本地主要生态环境问题所产生的危害，以小组为单位讨论保护、治理措施。 ● 收看相关电视节目，如"DISCOVERY"（探索）等，了解在野外探索与考察中GPS的功能。 ● 用电子地图（网络或光盘形式）查询城镇、交通、旅游等信息。

说明:"区域可持续发展"部分,选择符合"标准"主题的区域,采用案例分析方式编写科教书和开展教学。本部分至少选择3个中国案例,1个外国案例。

二、选修课程

选修1　宇宙与地球

标准	活动建议
1. 宇宙 • 简述"宇宙大爆炸"假说的主要观点。 • 根据图表,概括恒星演化的主要阶段及其特点。 • 举例说出人类探索宇宙的历程、意义。 • 运用天球坐标系简图,确定主要恒星的位置。 • 运用星图进行星空观察,说出星空季节变化的基本规律。 2. 太阳系和地月系 • 了解太阳的圈层结构。 • 运用图表等资料、结合模拟演示,说明太阳系的组成以及九大行星的结构和运动特征。 • 简述月球概况及其运动特征。 • 分析月相图,说明月相变化规律,并解释月相变化与潮汐变化的关系。 3. 地球的演化 • 运用图表,说出地质年代的划分,以及不同地质年代的地壳运动、成矿规律和生物演化简史。 • 简述板块构造学说的主要内容,并解释海陆分布及地表形态特征。 4. 地表形态的变化 • 读地表景观图片,说出河流、海岸、黄土、冰川、风沙、喀斯特等地貌类型的主要特征。 • 举例说明风化、侵蚀、搬运、堆积等外力作用对地表形态变化的影响。	• 观看有关主题的影像资料,如"天体演化来龙去脉""宇宙与人""神奇的地球"等,交流观后感。 • 收集有关"地外文明"的资料,谈谈自己的看法。 • 阅读星图,观察四季星空,辨认银河以及大熊座、小熊座、仙后座、天鹰座、天琴座、金牛座、猎户座、狮子座等星座和北极星、织女星、牛郎星、天狼星等恒星。 • 用天文望远镜观察水星、金星、火星、木星、土星以及太阳活动和月球面貌。 • 连续观测半个月以上的月相,记录并总结月相的变化规律,尝试分析月相变化的原因。 • 组织一次野外地质考察活动,观察岩层及地质构造,采集岩石、矿物标本,寻找化石,讨论地质构造与地表形态的关系。 • 收集有关图片资料,召开一次专题讨论会,"重建"恐龙生活时代的地球环境。 • 读简单的地质构造图,说出地质构造类型,并绘制地质剖面示意图。 • 结合本地的地形特点,开展关于地表形态形成及演化的研究性学习。

说明:"简述'宇宙大爆炸'假说的主要观点"和"根据图表,概括恒星演化的主要

阶段及其特点"两项,旨在运用具体事例说明人类对宇宙的认识在不断深化,永无止境,以增强学生探索宇宙奥秘的兴趣,培养辩证唯物主义宇宙观。

选修 2　海洋地理

标准	活动建议
1. 海洋和海岸带 • 观察海底地形图,运用海底扩张与板块构造学说的主要观点,解释海底地形的形成和分布规律。 • 运用图表等资料,归纳海水温度、盐度的分布规律。 • 运用图表,分析海—气相互作用及其对全球水、热平衡的影响。 • 简述厄尔尼诺、拉尼娜现象及其对全球气候的影响。 • 说明波浪、潮汐、洋流等海水运动形式的主要成因及其作用。 • 运用地图及景观图片,概述海岸的主要类型和特点。 • 列举海岸带开发利用的主要方式。 • 运用资料,说明海平面变化对海岸带自然环境以及社会经济发展的重大影响。 2. 海洋开发 • 说出海水资源、海洋化学资源、海底矿产资源开发利用的特点和现状。 • 说出潮汐能、波浪能等的特点,以及海洋能的开发前景。 • 运用资料,说明海洋生物资源开发利用中存在的问题及对策。 • 举例说明开发利用海洋空间的重要性及其主要方式。 • 简述海洋旅游业的现状及发展前景。 3. 海洋环境问题与保护 • 分析风暴潮、海啸的成因,说出其危害及应对措施。 • 运用资料,说出海洋主要污染物的来源及其对海洋环境产生的危害,简述保护海洋生态环境的主要对策。 4. 海洋权益 • 区别海洋国土、内海、领海、公海、大陆架、专属经济区等概念。 • 根据有关资料,归纳我国海洋国情的基本特点,说明维护我国海洋权益的重要意义。 • 举例说出建立和维护国际海洋新秩序的重要性。	• 收集有关资料,写一篇关于海平面上升对沿海地带影响的小论文。 • 围绕"厄尔尼诺现象利与弊"的辩题,运用材料,开展辨认。 • 沿海地区学校,可调查本地海洋资源开发和保护的现状,并提出自己的看法和建议。 • 观看介绍海洋的影像资料或参观海洋科普场馆,以"21世纪"为主题,举办一次演讲会。 • 收集资料,展示海洋空间开发的成果,并以诗歌、绘画、科幻小品等形式畅想未来的海洋空间开发。 • 在广泛收集图片等资料的基础上,举办小型展览,展示海洋及海岛的自然光、珍稀动物、风土人情等。

选修3　旅游地理

标准	活动建议
1. 旅游资源的类型与分布 ● 简述旅游资源的内涵，运用资料说明旅游资源的多样性。 ● 比较人文旅游资源与自然旅游资源的区别。 ● 在地图上指出我国的"世界文化与自然遗产"，举例说出其重要价值。 2. 旅游景观欣赏 ● 举例说明旅游景观的观赏方法。 ● 运用资料，举例描述中外著名旅游景区的景观特点，并从地理角度说明其形成原因。 ● 结合实例，简述旅游资源开发条件评价的基本内容。 ● 针对某一实例，评价旅游资源的开发条件。 3. 旅游规划与旅游设计 ● 分析旅游景区的基本要素以及它们的相互影响，初步学会对旅游景区的景点、交通和服务设施进行规划设计。 ● 学会收集旅游信息，根据旅游资源状况，确定旅游点，选择合理的旅游线路。 ● 说明地形、气候、水文等条件与旅游安全的关系，以及应采取的安全防范措施。 4. 旅游与区域发展 ● 阐明旅游业的发展对社会、经济、文化的作用。 ● 举例说出旅游与景区建设对地理环境的影响。 ● 举例说明旅游开发过程中的环境保护措施。	● 收集世界和中国旅游景区的各种资料，在班级进行展示交流。 ● 结合自己的旅游经历，交流欣赏旅游景观的亲身体验。 ● 上网查询并下载旅游景区的信息，设计一份模拟旅游活动方案。 ● 设计一条本地"一日游"的旅游线路。 ● 由学生自己担任"导游"，开展一次体验性的导游活动。 ● 讨论到某地旅游应采取的安全措施。 ● 结合本地实际，组织一次关于生态旅游的专题讨论会。 ● 将学生的游记、摄影作品、旅游纪念品等集中起来，进行展览交流。

选修4　城乡规划与生活

标准	活动建议
1. 城乡发展与城市化 • 举例说明中外城市的形成和发展，归纳城市在不同发展阶段的主要特征。 • 比较不同国家城市化过程的主要特点及其意义。 • 举例说明城市环境问题的成因与治理对策。 • 比较在不同地理环境中，乡村聚落的分布特点，并分析其形成原因。 • 举例说明乡村集市的分布特点及其成因。 2. 城乡分布 • 运用资料，分析现代城市或村镇的空间形态、景观特色及其变化趋势。 • 举例说明在一定的区域范围内，如何实现城镇的合理布局和协调发展。 • 举例说明在城乡发展过程中，为了保护特色景观和传统文化所应采取的对策措施。 3. 城乡规划 • 说明城乡规划对于城乡可持续发展的意义。 • 了解城乡规划中项目选址、功能分区的主要原则和基本方法。 • 理解在城乡规划中，工业、农业、交通运输业、商业、文化等部门的一般布局原则。 4. 城乡建设与生活 • 了解城乡人居环境的基本评价内容，分析房地产开发的地理区位因素，评价居住小区的环境特点与结构功能。 • 说出商业布局与人们生活的关系，以及不同商业部门布局的特点与功能。 • 结合实例，比较不同的城市交通网络的特点。 • 举例说明文化设施布局与人们生活的关系。	• 收集你所熟悉的城市的地图和有关资料，分析其用地结构和功能分区，看一看有哪些利弊，又怎样加以改进。 • 选择一个你熟悉的城市，讨论城市文化特色，以及如何保护城市文物和历史文化。 • 选择一个熟悉的城市，讨论该城市存在的城市环境问题，提出具体的解决建议。 • 开展一次关于社区公共服务设施布局的问卷调查，撰写一份调查报告。 • 运用有关资料，进行一次城乡规划的模拟练习。可把全班学生分成几个小组，分别提交规划方案，开展比较评价。 • 模拟"选房购房"活动：通过上网浏览、收集广告资料、实地调查考察等多种途径，对几处商品房的区位、布局、设施、环境等方面进行评价。 • 绘制社区主要的文化、教育、体育设施的分布草图，分析其布局是否合理。

选修5 自然灾害与防治

标准	活动建议
1. 主要自然灾害的类型与分布 • 列举自然灾害的主要类型。 • 结合实例，简述自然灾害的主要特点。 • 运用资料，说明人类活动对自然灾害的影响。 • 运用地图，说明世界主要自然灾害带的分布。 2. 我国的主要自然灾害 • 运用地图，指出我国主要自然灾害的区域分布。 • 简述地震、泥石流、滑坡等地质灾害的产生机制与发生过程。 • 分析台风、寒潮、干旱、洪涝等气象灾害的形成原因。 • 列举虫灾、鼠灾等生物灾害带来的主要危害。 3. 自然灾害与环境 • 比较同一自然灾害造成危害程度的地域差异。 • 结合实例，简述我国自然灾害多发区的自然环境特点。 4. 防灾与减灾 • 举例说明地理信息技术在自然灾害预测、监测和评估中的作用。 • 以一两种自然灾害为例，列举适当的应对方法或应急措施。 • 举例说出中国防灾、减灾的成就。 • 展望人类利用高科技避害趋利的远景。	• 围绕沙尘暴等自然灾害，开展一次研究性活动。 • 搜集本地有关自然灾害前兆的谚语，以及防灾减灾的有效方法，在全班进行交流。 • 结合实际，讨论在日常生活中如何应对突发性灾害。 • 收集近年来我国某种自然灾害的资料，绘制其地理分布简图，解释其形成原因，并说出我国已采取的防灾、减灾措施。 • 模拟以某自然灾害为背景的救援演习。 • 配合"世界防灾日"，出一期板报。 • 组织以"自然灾害与我们"（或"自然灾害与环境""自然灾害与高科技"等）为主题的演讲比赛。

选修6　环境保护

标　　准	活动建议
1. 环境与环境问题 • 举例说明人类与环境的相互关系，形成正确的环境伦理观。 • 说出环境问题产生的主要原因及危害。 • 归纳当前人类所面临的主要环境问题。 2. 资源问题与资源的利用、保护 • 举例说明主要的资源问题及其产生的原因。 • 举例说明非可再生资源耗竭对人类活动的影响，并说出人类采取的相应措施。 • 根据相关资源，说出非可再生资源不合理利用造成的问题，以及保护、合理利用的成功经验。 3. 生态环境问题与生态环境保护 • 举例说出主要的生态环境问题及其产生的原因。 • 以某种生产环境问题为例，描述其形成的一般过程。 • 举例说明某一区域的生态环境问题对其他区域的影响。 • 读图说出我国不同区域的主要生态环境问题。 • 针对某一生态环境问题，说出生态环境保护的主要措施及其作用。 4. 环境污染与防治 • 根据有关资料，说出主要的环境污染问题。 • 以某些环境污染事件为例，说明其形成原因、过程及危害。 • 针对某类环境污染，说出其防治的主要措施。 5. 环境管理 • 说出环境管理的基本内容和主要手段。 • 举例说明当前全球环境问题的管理与国际行动。 • 理解个人在环境保护中应具备的态度、责任和行为准则。	• 针对本地区某一突出的环境问题，开展调查，并分析其产生的原因及危害。 • 组织一次环境实践活动，如参观自然保护区、生态农业园区、清洁生产工厂、污水处理厂等，写一篇观后感。 • 配合"世界地球日""世界环境日""节水日""爱鸟周"等，编辑地理小报。 • 结合当地实际，采用适当形式（如创作漫画、诗歌、或进行文艺表演等），适时开展环保主题宣传活动。 • 调查学校的用水状况，设计一份学校节约用水方案。 • 举办一次以"环境保护从我做起"为主题的班会。

选修7 地理信息技术应用

标　　准	活动建议
1. 地理信息技术的发展 ● 运用资料概述，地理信息技术的发展。 ● 说出地理信息技术的基本内容。 ● 根据有关资料，简述地理信息技术在现代生产、生活中的意义。 2. 地图与遥感（RS） ● 了解几何常用地图投影，说出不同地图的特点和用途。 ● 结合实例，简述遥感的基本工作原理，会初步判读遥感图像。 ● 结合实例，说明遥感图像在地图制作中的作用。 ● 结合实例，说出遥感的主要功能。 3. 全球定位系统（GPS） ● 简述 GPS 的基本工作原理。 ● 结合实例，说出 GPS 在交通、旅游、导航等领域中的应用。 4. 地理信息系统（GIS） ● 结合实例，说明 GIS 的基本功能。 ● 了解地图数字化的基本方法。 ● 在 GIS 软件中建立数据表。 ● 在 GIS 软件中改变图层显示的方法。 ● 结合实例，初步掌握 GIS 的查询方法。 ● 用 GIS 软件制作、输出专题地图。 ● 浏览网络 GIS 地图，查询有关信息。 5. 3S（RS、GPS、GIS）技术综合应用 ● 了解 3S 技术的综合应用。 ● 了解数字地球、数字城市的含义。	● 在 GIS 软件中，建立同学基本情况信息表，在地图上显示同学的信息，实现查询、分析等功能。 ● 在 GIS 软件中，应用"中国人口和行政区划"数据，查找东西部省区人口信息，在网上查询东西部地区人均国内生产总值等，对比说明东西部的区域差异。 ● 用包含中国行政区划信息和铁路信息的 GIS 地图数据，查询主要铁路干线所穿越的省区和主要铁路枢纽。 ● 学习在 GIS 软件中，绘制并输出某年段中国各省区人口增长图。 ● 在网上查找某大城市的 GIS 地图网站，查询商业网点的分布，说明商业网点的分布规律，分析其合理性。 ● 在网上搜索有关 3S 应用和数字地球的资料，撰写文章，畅想数字化生存方式。

说明：本课程建议使用二次开发的 GIS 软件（如对国产软件进行二次开发），简化 GIS 功能。教学过程中，建议开发地理信息技术综合学习软件平台进行辅助教学。

第四部分 实施建议

一、教学建议

高中地理教学要体现课程理念、落实课程目标、达到课程标准，需要地理教师在设计教学时充分考虑高中学生的心理发展规律和不同的学习需要，积极探索和运用自主学习、合作学习、探究学习等学习方式，提高学生的地理学习、合作交流、批判性思考以及分析解决地理问题的能力。

（一）引导学生形成正确的地理观念

正确的地理观念是地理科学素养的重要组成部分，也是今日和未来社会公民不可缺少的基本素质。"培养现代公民必备的地理素养"是高中地理课程的基本理念之一，课程标准中也有大量与人口观、资源观、环境观、可持续发展观有联系的教学内容。教师在安排教学活动时，可以采用对不同观点进行比较和判断、反思自己行为、运用多种素材等方法，帮助学生正确认识人与地理环境的关系，关注人口、资源、环境、发展等问题，形成正确的地理观念。

案例：充分利用各种素材，使学生形成正确的人地观

向学生进行正确人地观的教育，应当依据课程标准，选取学生可以理解和接受的典型实例，使学生对人地关系等问题形成正确认识。

在学习"自然环境对人类活动的影响"的相关内容时，建议注重两个侧面的阐释：一方面说明地理环境是人类活动外部条件，但并不是决定性条件；另一方面则还要向学生指出，在特定的场合，地理环境可以成为人类活动的决定性条件，通过这种辩证的分析，使学生形成正确的人地观。

例如，在学习"以某种自然资源为例，说明在不同生产力下，自然资源的数量、质量对人类生存与发展的意义。"的相关内容时，可以矿产资源为例，一方面用相关例证向学生说明，矿产资源的分布，矿产资源的数量、质量和组合状况是影响工业布局的重要条件，一些工业基地往往是建立在矿产地附近（这种教学旨在渗透"自然环境是人类社会发展的外部条件"的观点）；但有些工业基地，如我国上海宝山钢铁工业基地、日本的太平洋沿岸和濑户内海钢铁工业基地，周围并无大型铁矿、煤矿，但却是著名的工业区，原因是借助优越的地理位置和发达的海运，摆脱了矿产资源的地域限制（这种教学可以渗透"自然环境并非是决定性条件"的观点)。另一方面,还要用典型例证说明,在特定场合,自然环境会对人类活动产生决定性影响。如采掘工业的布局,矿产资源的数量、质量往往具有决定性影响。

(二)指导学生开展观察、实践、探究和研究活动

教师要在高中地理教学中转变学生机械模仿、被动接受的学习方式,促进学生主动和富有个性地学习,可以有意识地加强对学生自主性学习的引导。例如,帮助学生学会自己设计和实施野外观察、观测、调查等实践活动;在日常教学中使用探究方法,帮助学生形成主动探究地理问题的意识和能力;积极创造条件开展研究性学习等。

案例:地理研究性学习的组织实施

在学习"旅游与区域发展"的内容时,可以"旅游区生态环境问题调查"为主题开展研究性学习,具体可参考下列程序:

指导选题。教师概要介绍旅游业的发展可能给旅游区生态环境带来的影响,说明保护旅游区生态环境的意义,激发学生研究旅游区生态环境问题的兴趣,引导学生确定研究课题。

组织课题组,制订研究计划。研究计划内容包括:课题名称、研究小组负责人、指导教师、实施步骤、资料和设备等。

实施研究。 教师可提供如下思路:

(1) 观察记录游客乱扔废弃物的情况;走访园林管理处,获取每日到旅游区旅游的人数;

(2) 调查旅游区内其他污染物的种类及来源、查阅有关书籍了解污染物的成分及危害;

(3) 利用调查数据与结果、分析归纳旅游区内主要的生态环境问题,查阅资料分析其危害。

撰写调查报告,提出改进建议。撰写调查报告并接受其他小组的质疑,反思本小组的研究结果,是否需要进一步论证。

组织研究成果的交流研讨。各小组向全班展示本小组的调查报告,并最后形成一个基本反映全班调查结果的总报告,提交有关部门。

(三)采用适应学生个别差异的教学方式

课程基本理念中提出"满足不同的地理学习需要",教学中这个理念的体

现可以有多种形式。例如，在符合课程标准要求的前提下，为学生提供不同深度和广度的学习材料；布置不同难度的作业；给学生创造更多机会体验主动学习和探索的"过程"和"经历"，让学生拥有更多时间进行自主学习；鼓励和尊重学生不同的经验、见解、想法和说法等。教师可以根据学生的个体差异，积极探索适应学生差异的多种教学方式。

案例：在学习"商业布局与人们生活的关系"中使用多种学习方式

采用多样化学习方式。教师要为学生提供多种学习方式的可能性。例如，引导学生阅读和分析课本的文字、图表材料（图文学习）；组织学生观看商业网点布局的录像资料（直观动态材料的感知）；组织学生分组讨论（语言交流）；组织学生调查当地的商业网点情况（实践活动）；请校外专家开办讲座（开放学习）；使用互联网查询商业网点资料（信息加工）等。

采用不同的评价方式。学习方式的多样化也可从评价方式的多样化体现出来。例如，教师允许学生自选作业的方式，可以是书写的，也可以是绘制图表、图画的，还可以与教师面谈等。

（四）发展学生的批判性思维和创新思维

高中地理内容标准中的大量内容需要学生运用理性思维。在教学中发展学生的批判性思维和创新思维是达到这些标准的重要途径。可以采用让学生接触各种不同观点、对问题展开辩论、鼓励学生在学习过程中大胆提出自己的看法等方法，逐步培养学生的批判性思维和创新思维。此外，地理设计也是一种可以尝试的学习活动。常见的设计主题如土地利用、城乡规划、交通规划、工业区选址、某个环境问题的解决方案等。

案例：就"沙尘暴有百害而无一利"展开辩论，发展批判性思维

一般认为沙尘暴是一种自然灾害。然而，沙尘暴是否"有百害而无一利"呢？这是一个值得质疑的有趣问题。一些学生查找了有关资料，提出了不同观点：沙尘天气造就了黄土高原；沙尘颗粒利于成云致雨；沙尘有助于海洋生物生长；沙尘暴缓解了酸雨；沙尘暴有利于抑制全球变暖等。对此，学生们争论不休。教师不失时机地引导学生就上述观点展开辩论，分为正方、反方两组，各抒己见，从而拓宽了思路，开阔了眼界，发展了批判性思维，培养了用辩证方法分析解决地理问题的良好习惯。

（五）重视地理教学信息资源和信息技术的利用

取得、加工、运用信息能力不仅是学生学习能力的一部分，也是学生未来生活能力的组成。因此，强调在有条件的地方运用信息技术进行教学，不只是为了提高教师的教学效率和教学能力，更重要的是为了培养学生的信息意识和信息能力。地理课程是以大量地理信息为基础的课程，教师可以利用地理课程的特点，创造性地利用地理教学信息资源，重视开发和应用以信息技术为基础的教学方法和教学手段，培养学生的学习能力。在有条件的地方，要积极利用网络中的地理信息资源、电子地图和信息技术优化地理教学。在条件尚不具备的地方，可仍以教科书中的地理图像、地图册为主要媒介，充分利用广播、电视、报纸等大众媒体，以及采用访谈、调查等方法帮助学生学会从多种途径获取需要的地理信息，并学会应用。

案例：利用现代信息技术分析"冷锋对北京天气的影响"

首先，建立一个"冷锋对天气影响"的学习网页，包括学习资料、问题讨论、成果展示、信息交流等内容。教师可先在"学习资料"中提供学生应掌握的基本概念和独立学习时需要的背景资料，在"问题讨论"中提出讨论的题目，保证学生能从互联网上查找资料。

第二步，学生分组收集北京的天气资料，并及时整理后放到网页上。

第三步，小组讨论，利用收集的资料说明论题，并记录讨论过程，整理后放到网页的"讨论区"中。学生个人也可在"讨论区"自由发表意见或寻求帮助。

第四步，将小组或个人的学习成果放在网页的"成果展示区"中，与同学互分享。

第五步，全班同学集中讨论、总结，开展成果评比。

二、评价建议

地理学习评价，要在知识与技能评价的基础上，关注对学生价值判断能力、批判性思考能力、社会责任感、人生规划能力形成状况的评价。在教学活动和学习评价中要重过程、重应用、重体验、重全员参与。地理学习评价应发挥其激励与发展功能，使学生从评价中获得成功的体验，激发学习兴趣，积极参与学习活动，提高地理学习水平。教师要关注学生在学习活动中的表现与反应，并给予必要、及时、适当的鼓励性评价和指导性评价。下面是一些教师可以尝试使用的新的评价方法。

（一）对地理知识理解与应用的评价

评价学生地理知识理解和应用状况的标准，主要是衡量其理解能力和在解决实际问题中运用已学知识的能力。理解能力的评价主要看学生对地理概念、原理、规律、理论的表述状况；知识运用能力的评价主要看学生能否激活所储存的已学知识，能否将相关知识迁移到具体情境之中。

案例：对地理概念理解能力的评价标准与等级划分

等级 评价内容	水平1	水平2	水平3	水平4
对地理概念的理解	●只能理解少数基本地理概念 ●存在较严重的误解与混淆 ●很少能用不同形式表达同一概念	●能够理解一些基本地理概念 ●存在一定程度的误解与混淆 ●有时能用不同形式表达同一概念	●能够理解大部分基本地理概念 ●较少误解与混淆 ●能经常用不同形式表达同一概念	●能够理解全部基本地理概念 ●完全没有误解与混淆 ●能用不同形式表达同一概念

（二）对地理技能形成与运用的评价

评价学生地理技能的形成与运用状况，主要是考查学生对各种地理技能的功能、方法和要领的了解程度，选择应用地理技能的合理程度，运用地理技能的熟练程度，以及应用地理技能所取得的学习和研究成果的正确程度和实际价值。

案例1：评价学生获取和处理地理信息的能力

检测"运用资料，说明海平面变化对海岸带自然环境以及社会经济发展的重大影响"的达标程度，可以布置研究性活动，让学生搜集有关海平面上升对海岸带影响的科普读物、论文、图片等资料，自己撰写小论文，绘制图表，或办宣传板报。以评语方式对学生在上述活动中利用信息源的情况，资料的多样性、可靠性、全面性以及学生撰写的小论文、绘制的图表的质量予以评估。

案例2：评价学生利用网络信息和电子地图获取和处理地理信息的能力

互联网上关于北京的旅游资源信息非常丰富。在有条件的地方，可以指导学生根据预设条件（如时间、经费、开支等），利用网络信息和电子地图设计一个"北京三日游"旅游方案。方案应包括景点选择、景点介绍、旅游线路、交通方式选择、日程安排、各项开支细目、购物（纪念品、特产）等。

教师可以根据学生搜索的资料是否丰富、线路选择是否恰当、方案是否合理等方面，评价学生获取、处理信息的能力。

（三）对地理科学方法掌握及探究活动质量的评价

对地理科学方法掌握的评价，应重点了解学生对地理观察、区域分析与综合、地理比较等常用地理研究方法的领悟、掌握状况和运用水平。其评价标准：一是评价学生是否了解地理方法运用的步骤、要领；二是评价学生能否灵活运用正确的地理方法分析和解决问题。

对学生探究活动质量的评价，建议从学生能否发现和提出地理问题，提出问题的假设，独立思考和解决地理问题，合理表达、交流探究成果等方面进行评价。

案例1：对学生地理探究活动质量的评价要点

评价内容	评价要点1	评价要点2
发现问题	是否善于发现和提出地理问题，经常独立提出问题，具有提出问题的积极性； 是否能有效地利用已有信息提出地理问题，能否补充问题的必需条件； 提出的问题是否具有探究价值，即问题是否具有一定的广度、深度，是否新颖。	在各项探究活动中是否表现出下列情感与态度：兴趣、好奇心、探索欲、投入程度、合作态度、意志毅力、创新精神等。
提出解决问题的假设	能否根据已有的知识、经验，或通过收集相关信息，将已有的地理知识与问题相联系，提出解决问题的假设。	
解决问题得出结论	能否分析信息，得出结论； 能否从不同角度寻找解决问题方法与途径； 是否具有独立思考与反思的习惯和质疑意识； 能否与他人合作解决地理问题。	
表达、交流探究成果	能否条理清晰、完整地表达探究过程与结论； 能否将论据与论点联系起来，得出基本合理的解释； 能否用语言、文字、地理图表等多种方式表达学习成果。	

案例2：评价学生提出假设的能力

给出泥石流发生地的景观图片、泥石流发生地的各种资料，提出问题：

"为什么会发生泥石流？"学生探究解决这一问题时，要将各种信息加以筛选，并观察景观图片反映的地形条件、植被覆盖情况，查阅泥石流发生地的降水、地质资料，提出该地发生泥石流的假设原因。评价学生是否能提出假设。

（四）对情感态度与价值观形成的评价

建议评价时关注学生以下方面的变化与发展：

（1）对地理学科的认识：评价学生是否具有地理学习动机与学习兴趣；能否体会地理学与现实生活的密切联系和地理学的应用价值；是否具有地理审美情趣与鉴赏力。

（2）科学精神与态度：评价学生在观察、调查、实验和报告撰写中是否精确、严谨，是否具有实事求是、坚持真理、勇于创新的科学精神。

（3）对自然地理环境与社会的态度和责任感：评价学生是否初步形成了可持续发展的观念，是否初步形成了环境、资源的保护意识和法制意识，是否初步具有了对社会和自然环境的责任感，是否养成了关心和爱护人类环境的行为规范。

观察是评价学生情感、态度和价值观的重要方式。要注意观察学生在日常行为和学习活动中的表现，收集评价信息，为进行有针对性的评价提供依据。

对学生情感、态度和价值观进行评价，主要采用调查分析法，即在评价理论指导下，通过问卷、访谈、测试等调查手段，收集评价对象的有关资料，经过比较分析做出判断。

案例：运用多种手段评价学生的环境意识与态度

例如，在评价学生尊重自然、保护环境的意识与态度的过程中，教师给出"世界环境日"的资料：

"1972年第27届联合国大会根据人类环境会议的建议，决定把6月5日定为'世界环境日'。联合国确定'世界环境日'的目的在于提醒全世界注意全球环境改善；呼吁联合国系统和各国政府采取行动防止环境污染和生态破坏，并开展相应的活动，增强公众热爱地球的意识，规范保护环境的行为。自1994年以来，'世界环境日'的主题如下：一个地球，一个家庭（1994年）；各国人民联合起来，创造更加美好的世界（1995年）；我们的地球、居住地、家园（1996年）；为了地球上的生命（1997年）；为了地球上的生命——拯救我们的海洋（1998年）拯救地球就是拯救未来（1999年）；2000环境千年——行动起来吧"（2000年）

让学生选择其中的一两个主题，自由讨论，讨论后写一篇小论文。评价者要注意观察学生在讨论中的表现，分析小论文中表述的观点，以此来评价学生对环境污染和生态破坏所持的态度。教师再结合观察的方法，留意学生在日常生活中是否形成保护环境的习惯。

（五）地理学习评价要注重评价形式的多样化和针对性

地理评价形式的多样化具有现实意义。由于课程目标（知识与技能、过程与方法、情感态度与价值观）不同，学生的学习心理、学习方式特点不同，各种评价方式的适应范围不同，因此要求采取多种评价方式。地理学习评价形式，有的适用于评价学生地理知识与技能的达标程度，有的适用于评价学生在教学过程中的表现，有的则在评价学生情感、态度和价值观的表现与发展状况等方面有独到价值。地理教师要从实际出发，选择和运用恰当的评价方式，以增强评价的针对性，发挥各种评价方式的优势，克服其局限性。

地理学习评价除了书面测验、口头表达、作业、小论文写作、绘制地理图表并分析等常用评价方式外，还要注意通过观察学生在讨论、实地观测、探究等活动中的表现来评价学生。要重视学生的自评和互评。评价结果建议采用评语和等级评价相结合的方式。

三、教科书编写建议

地理教科书的编写，应以地理课程标准为依据。为了充分体现地理课程的基本理念，实现教科书的多样化，使教科书成为教师创造性教学和学生主动学习的重要资源，可以考虑从以下几方面入手。

（一）建立合理的内容结构

在建立教科书的内容结构时，需要理解课程标准和教科书的不同。课程标准给出的是高中阶段地理课程的宏观框架、必学的内容和学习标准，在此基础上编写的教科书可以有不同的结构。结构是否合理，可以从是否具有内在的逻辑关系、是否便于学生学习等方面考虑。

本课程标准将必修部分分为地理1、地理2和地理3三个模块，每个模块相对独立。教科书在处理这部分内容时，可对模块的学习顺序、模块中的内容进行组合，并注意体现各模块内容之间的内在联系。但因为对学生学习的评价是以模块为基础的，所以编写教科书时要注意保持每个模块的相对独立。

（二）选择联系学生实际、反映时代特征的素材

教科书体现"培养现代公民学习必备的地理素质"的基本理念，可以通过选用联系学生实际的素材来实现，包括选择学生熟悉的地理事象，学生生

活中遇到的地理问题，符合学生兴趣和年龄特征的地理问题，对学生发展自己生存能力有启示、有帮助的地理素材等。联系学生实际还包括编写教科书时选用与使用对象的地区特点、学习条件相符的素材。

地理教学内容具有极强的时代性，教科书在选材时应注意体现这种时代性。例如，"桑基鱼塘"是与农业有关的经典素材，编入教科书时要考虑"桑基鱼塘"模式已经发生的巨大变化。

（三）教学内容的组织要为教学提供必要的空间

通过为教学提供必要空间的方法体现"注重对地理问题的探究"和"满足不同的地理学习需要"的基本理念。例如，适当安排学生的探究活动；课文可不直接提供问题的结论；把部分学生活动设计成学习新内容的过程等。

教学内容的安排应具有层次和一定的弹性。例如，适当安排一定数量的选学、自学和阅读内容，以满足不同学生的学习需要。

（四）内容的呈现方式要符合学生的身心特点和接受能力

教科书是学生的学习用书，为使教科书具有可读性、直观性、实用性，提倡用学生身边的或熟悉的地理事实引入教学内容；使用通俗、生动的文字；提倡呈现方式和活动设计的多样化；提倡多使用地图和主题鲜明的地理图像。课程标准规定了三个模块的必修课程和七个模块的选修课程，每个模块的主题鲜明。教科书编写中可以根据不同的主题，使用具有特色的呈现方式。

（五）引导学生的地理理性思维

考虑到高中学生的心理特点，教科书的编写要有意识地引导学生的地理理性思维，以利于教师帮助学生形成人地协调与可持续发展等观念。例如，为学生提供对某个地区发展问题的不同观点；为某些有争议的地理问题保留开放式结果，不给出唯一答案；设计一些运用地理原理进行分析、判断有一定深度的问题等。

（六）重视教科书的系列化建设

可以考虑为教科书配备教学参考书、教学地理图册，有条件的地区可为教科书配备多媒体教学软件等。

四、课程资源的利用与开发建议

充分开发、合理利用地理课程资源，对于丰富地理课程内容，增强地理教学活力，具有重要意义。

（一）积极建设学校地理课程资源库

通过调查，掌握学校地理课程资源的情况，分门别类地建立地理课程资源档案，并逐步建设地理课程资源库。

教材以及教学所需的挂图、模型、标本、实验器材、图书资料、电教器材、教学实践场所等都是学校重要的地理课程资源。其中，必需设备和教学用图有：地球仪、等高线地形模型、幻灯机、投影仪、投影图片、天文望远镜、主要岩石和矿物标本；各种有关的政区图、自然地理图、经济地理图、专题要素图、景观图等。

此外，学校所在地区的地理要素、地理景观、主要地理事物等，也是学校地理课程资源库的重要组成部分。

应注重地理课程资源的积累和更新。除添置必要的地理教学图书、设备以外，还应自制各种地理教具、学具，开发各种地理教学软件，不断扩大地理课程资源库的容量。在有条件的学校，要逐步完善地理信息技术教学所需的软硬件设备（空间定位系统接收机、遥感图像、地理信息系统软件及相关的硬件设备等），提高地理课程资源库的质量，以适应社会发展、科技进步和地理教学自身发展的需要。

（二）充分利用学校地理课程资源

教师要结合学校的实际和学生的学习需求，充分利用学校已有的地理课程资源，以及可用于课堂教学的师生自身的经历和体验。

教师应鼓励和指导学生组织地理兴趣小组，开展天文、气象、地质地貌等各种丰富多彩的地理观测和观察活动；学生编辑地理小报、墙报、板报，布置地理橱窗；学生利用学校广播站或有线电视网、校园网传播自编的地理节目。

要加强地理教学设施的建设，要求配置地理专用教室，同时要逐步建立地理实习基地。

应提倡校际间地理课程资源的共建和共享。

（三）合理开发校外地理课程资源

校外地理课程资源丰富多样，包括青少年活动中心、地理教育基地、图书馆、科技馆、气象台、天文馆、博物馆、陈列馆、展览馆和主题公园，科研单位、大专院校、政府部门，广播、电视、报刊、网络等信息媒体，区域自然地理环境和人文景观，等等。要加强与社会各界的沟通联系，寻求多方合作，合理开发利用校外地理课程资源。

要组织和引导学生走进大自然，参与社会实践，开展参观、调查、考察、旅行等活动，邀请有关人士演讲和座谈。

参考文献

1. 陈澄．地理教学论．上海：上海教育出版社，1999．
2. ［美］Patricia L. Smith, Tillman J. Rragan. 教学设计．庞维国，屈程，韩于飞译．皮连生审校．上海：华东师范大学出版社，2008．
3. 盛群力等．教学设计．北京：高等教育出版社，2005．
4. 陈晓彗．教学设计．北京：电子工业出版社，2005．
5. 孙立仁．教学设计．北京：电子工业出版社，2004．
6. 乌美娜．教学设计．北京：高等教育出版社，2000．
7. 章伟民，曹揆申．教育技术学．北京：人民教育出版社，2002．
8. 张华．课程与教学论．上海：上海教育出版社，2000．
9. 段玉山．地理新课程课堂教学技能．北京：高等教育出版社，2003．
10. 卫杰文，杨关坭，陆旦中，王效乾．中学地理教师手册．上海：上海教育出版社，1982．
11. 袁书琪．地理教育学．北京：高等教育出版社，2001．
12. 李家清．新概念地理教学论．北京：北京大学出版社，2009．
13. 江哗，刘兰．地理课堂教学技能训练．上海：上海教育出版社，2008．
14. 胡中锋，李方．教育测量与评价．广州：广东高等教育出版社，1999．
15. 段玉山．地理新课程测量评价．北京：高等教育出版社，2003．
16. ［美］Robert L. Linn & Norman E. Gronlund. 教学中的测量与评价．国家基础教育课程改革"促进教师发展与学生成长的评价研究"项目组译．北京：中国轻工业出版社，2003．
17. 教育部．基础教育课程改革纲要（试行）．2001．
18. 教育部．全日制义务教育地理课程标准（实验稿）．北京：北京师范大学出版社，2004．
19. 教育部．普通高中地理课程标准（实验）．北京：人民教育出版社，2003．